運がひらける！
願いが叶う！

龍神さまから愛される方法

昇龍
SYOURYU

KKロングセラーズ

プロローグ

風の時代、明かりを照らして導いてくれる龍神さまを味方にしよう

本書を手にとっていただき、ありがとうございます。

いま、あなたはどのような状況でどのようなお気持ちでいらっしゃいますか？

苦難の道の連続で気持ちがくじけている方、前が見えない状況で途方に暮れている方、これまでのやり方がまったく通用しなくなり、すっかり自信をなくしている方もおられるかもしれません。

反対に、大きな困難はないものの、漠然とこれからの未来に対して不安を抱いている方も多くいらっしゃるでしょう。

暦や方位などからわかることは、二〇二四年まで世界はどんどん流動的になり激変

していきます。これまでの社会的システムは改変され、既存のやり方に縛られる生き方では通用しなくなっていきます。

とくに二〇二一年はお金とのかかわり方がますますシビアになります。無駄遣いはよくありませんが、不安からお金をため込む意識が強くなり過ぎると、活きたお金の使い方ができなくなり、結果的には運もお金も回っていかなくなるのです。

このように変わりゆく世の中と変われない自分との葛藤が大きくなりつつある今、靄《もや》がかかったような未来に、明かりを照らして導いてくださるのが龍神さまの存在です。

わたしは、古神道の研究家であり、中国四千年の秘伝「奇門遁甲」の伝承者で四柱推命による運命鑑定の第一人者でもある母・翠真佑の教えを継承し、開運指導をしています。「奇門遁甲」による吉方取りを学び、幼少期から神社を参拝してきたことで、龍神さまが常に身近な存在として育ちました。

少年時代から毎日の習慣として、朝と夜、神棚に向かって龍神さまに手を合わせて、「今日も、よろしくお願いします」

「今日も一日、見守っていただきありがとうございました」

と、ご挨拶と感謝を述べてきました。それは今でも変わらず続けています。


さて、神社参拝に熱心な人ほど神様にお願い事をしてはいけない、と聞いたことはないでしょうか?

わたしは母からは、

「神様には感謝の言葉だけで、お願いをしてはいけません。でも唯一、お願いしてもよいのが龍神さまです」

と教えられてきました。ですので、わたしにとって龍神さまは、神様より身近な存在であり、いつも近くで見守り、導いてくださる存在なのです。


では、龍神さまとのつながりを感じるのはどんな瞬間なのでしょうか。

たとえば、いつも通る駅までの道。今まではまったく気付かなかったのに、道端にきれいな花が咲いているのを見つけたとき。これまで忙しくて空を見上げることなどなかったのに、ふと見上げると空に虹がかかっていたとき。

変わらぬ日常なのに、新たな気づきがある瞬間、あなたのそばには龍神さまがいます。


それはあなたの考え方の癖にも大きな影響を与えます。

「欲しいものが手に入らない人生だから仕方ない」

「どうせ夢見たって、無駄だから」

「嫌な人、嫌な環境でも我慢しなければいけない」

このような考え方の癖があるうちは、人生は良い方向にはいきません。

人生は選択の連続です。本当はあなたの前には、多くの道が広がっているのです。

人生がうまくいかない、と暗い気持ちでいる人は、あえて石ころばかりでぬかるんだ道を選んでいます。それが自分にはお似合いだと思い込んでいるのです。


そのような負のスパイラルへの思い込みを取り去ってくださるのが、龍神さまです。

あなたが間違った道に進もうとするときに、明るくて花々が咲き乱れているほうへ導いてくださいます。

目の前には素晴らしい景色と心地よい風。自分はこの道を歩くにふさわしいのだ、と思える人生を歩んでいくきっかけを龍神さまはくださるのです。

もちろん、努力するのはあなた自身です。でも、間違った暗い道で無駄な努力をするより一〇〇倍楽しく幸せです。

なぜなら、そばには龍神さまが寄り添い、導いてくださる安心感があるからです。


本書では、わたしと龍神さまとの出会いや龍神さまに守っていただける心得、そして龍神さまとゆかりの深い箱根の九頭龍神社についてたくさん書かせていただきました。

神社での参拝だけで終わるのではなく、毎日、龍神さまに感謝を述べ、つながる方法をお教えしたいと思います。

自分のそばにはいつも龍神さまがいてくださることで、この先、世間がどのように変わろうと何も不安はありません。

どのようにして進むべき道を選び、自分が望む環境を引き寄せればいいのか、その術がわかるようになるからです。

目覚める人と眠り続ける人の二極化は、すでに始まっています。これから先の未来は柔軟な思考が必要です。

「こうでなければならない」「どうせ自分なんて」どの考えも、龍神さまのご加護は期待できません。

颪に乗って大空を駆け巡る龍神さまのように、高い視点で軽やかな思考が何より大切なのです。

今こそ龍神さまのエネルギーを召喚《しょうかん》しましょう。

これからの激動の時代に、しっかり生き抜いていけるように……。

本書があなたと龍神さまを引き寄せるきっかけとなれば、こんなに嬉しいことはありません。

令和三年　四月吉日

昇龍

運がひらける！
願いが叶う！

龍神さまから愛される方法●目次

GATE2 「龍神さまとの不思議な出会い」

GATE3 「龍神さまとつながるための八つの心得」

GATE4　「龍神さまから愛される人、見放される人」

GATE5　「龍神さまが近くにいるサイン」

登龍門

GATEをくぐる前に

龍神さまに愛されると、あなたの人生はこんなに進化してくる

「膺《よう》は声明をもって自らを高しとす。士有り、その容接を被る者は、名付けて登龍門となす」

この言葉は『後漢書』李膺伝《りようでん》に語られた故事に由来しています。「登龍門」とは、成功へといたる難しい関門を突破したことを表わす言葉です。

登龍門をくぐり、龍神さまに愛されて守られるようになると、あなたの人生がどのように進化していくのか、そのあとに広がる景色について、まずはお伝えいたします。

なぜ先にお話しするのかと言えば、人は「成功」や「目標達成」をイメージすることで、「それを成し遂げるには、どのような道を通り、どのような関門をくぐればよいのか」を具体的に考えるようになるからです。

まずは幸せへのナビゲーションを、しっかり胸に刻むことが大切なのです。

では具体的に、龍神さまに愛されると手に入る「仕事」「お金」「人間関係」「恋愛」「健康」についてお話ししましょう。

仕事について ——ワクワク楽しみながらスピーディに結果が出せる

龍神さまに導かれるようになって、成功した大企業の社長、著名人たちはたくさんいます。ここでお名前は挙げられませんが、皆さん、意欲はあったもののチャンスに恵まれず結果が出せなかった方たちが、龍神さまに日々、感謝をし、自らも努力を重ねた結果、まさに龍神さまの背中に乗るように、あれよあれよと結果を出して成功していきました。

それはなぜでしょう？　龍神さまに守られると、自分の得意分野で仕事ができる環境が整うようになるからです。

自分の才能や好きなことをワクワクしながら取り組むことで、無理なく結果が出やすくなるのです。

「お金のために」「家族を養うため」「いまさら転職は無理だから」「お世話になった上司を裏切れないから」

と、今の環境で働くのが苦しくても人はさまざまな理由をつけて、動くのをあきらめてしまいます。

龍神さまから愛されるようになると、まずはあなたの心の底を突き動かすような思いがわき上がってきます。

「本当は、自分が好きで得意な分野で仕事がしたかった……」

すると、不思議なほどにそのことに関係のある人と出会ったり、チャンスが巡ってきたりします。

会社で部署異動することで自分の本領を発揮できたり、今の環境のままでも、なぜか良いインスピレーションが湧いてきて面白い企画を思いついたり、適材適所で素晴らしい人たちと出会うことでプロジェクトが成功するようになります。

いずれにせよ、龍神さまの後押しがあると、仕事がスピーディにはかどるようになるのです。

そしてワクワク楽しみながら結果を出せるようになります。仕事に対して「苦労も含めて楽しい」と思えたら、あなたには間違いなく龍神さまがついています。

お金について──良いチャンスに恵まれ、自然と金運が上がってくる

龍神さまは「運もお金も天下の回りもの」という考えをもちます。お金はなくても困りますが、執着しすぎて「増やそう、儲けよう」という思いにとらわれすぎるのは良くありません。

本章でもたっぷりご紹介しますが、自分だけ儲けようとすると、結果的には貯め込んだお金を吐き出さなければならない羽目に陥ります。

お金に執念しすぎると、お金儲けを餌にして悪い縁ばかりが寄ってくるようになるからです。

龍神さまに守られると、良いチャンスに恵まれるようになり、自然と金運が上がってきます。たとえ一時的にお金が出ていくことがあっても、必ずお金が入ってくるよ

うになります。

自分の将来のため、世のため、人のために活きたお金を使うことで、龍神さまがあなたに何倍ものお金が巡ってくるように後押ししてくださいます。

「あの人はお金に好かれている」

と思うほど、稼いで成功している人がいます。

そういう人たちは龍神さまに好かれることで、お金の流れが良くなっているのです。

水も流れが止まれば淀みます。金運も同じです。龍神さまが良い流れを作ってくださることで、お金がどんどんあなたに運ばれてくるようになります。

人間関係について——心地の良い人たちが周りに集まり、良い方向にエネルギーが流れる

いま、あなたの周囲の人間関係は良好ですか？

もし、ギスギスした人間関係に悩んでいるなら、龍神さまを信じて導いていただきましょう。

「社内が足の引っ張り合いばかりで、気疲れする」
「陰口を言われて人間不信になっている」
「すぐに他人と衝突してしまう」
「心を打ち解ける友人がいない」

そのような気苦労が絶えないのは、人間関係のストレスや気疲れから、自分の中のエネルギーが枯渇して、つい「被害者モード」になっているためです。

龍神さまは、「相手は自分を映す鏡」であることを教えてくださいます。

鏡に映るあなた自身は、笑顔になっていますか？　つい眉間にしわを寄せるのが癖になっていませんか？

龍神さまが味方になると、一緒にいて心地の良い人たちがあなたの周りに集まるようになります。

「助ける人、助けられる人」という一方通行の役割ではなく、お互い「助け、助けられ、成長していく関係」が築けるようになります。

とにかくいつも笑い声にあふれるようになります。でも、緩んだ関係ではありません。良い意味でお互い、切磋琢磨できる関係性になるのです。

集まった人たちのエネルギーが良い方向に流れていくことで、一人では成し遂げられなかった大きな目標が達成できるようになります。

「あなたがいてくれて良かった」

と、良いご縁で巡り合えたことに感謝できるのです。

そのような人間関係には、必ず龍神さまの後押しがあります。

ですから派閥間の足の引っ張り合いも、妬《ねた》み嫉《そね》みからくる人間関係のトラブルもありません。

誰かが手柄を立てれば、「自分も頑張ろう」と、奮起します。それこそ良いスパイラルの中で人間関係が築かれている証拠です。

これまで心を打ち解ける仲間がいなかった人も、龍神さまに愛されることで、ソウルメイトと呼べるような人と出会えるでしょう。

それは旅先かもしれませんし、ふと立ち寄った店かもしれません。仕事を通じて出会った人、誰かに紹介された人の中に、一生つき合える友人がいるかもしれません。

「そんな相手、いるわけない」

と、思えばそれまでです。龍神さまは無理強いしませんので……。

でも、温かな人間関係に恵まれた人生は、ある意味、最高の幸せを手に入れたことと同じです。

今日のあなたは笑っていますか？　あなたの笑顔と温かい気持ちに引き寄せられるように、龍神さまが新たな出会いを招き入れてくださるはずです。

恋愛について――あなたにふさわしい人を高い視点から見つけて、縁を結んでくれる

数ある龍神さまの中で、九頭龍神社の龍神さまが与えてくださる発展運は恋愛にも力強く働きます。毎年、多くの方々が「恋愛成就」のために参拝されます。

そもそも龍神さまは人と人との縁を結ぶのが得意です。こじれてしまった縁の糸は、自分でほどこうとすると余計にこじれてしまいます。

そんなときは素直に、龍神さまにお願いするのです。

「龍神さま、わたしにふさわしい方とご縁を与えてください。よろしくお願いします」

すると、龍神さまはするすると天に昇って、あなたにふさわしい人を高い視点から見つけて、縁を結んでくださいます。

「お金持ちがいい」

「背が高くて外見が素敵な人が好み」

と、条件ばかり挙げてもご縁がなかったのなら、そもそもアプローチの仕方が間違っています。

また、

「恋愛はあきらめた。もう無理」

と、決めつけている人がいます。せっかくあなたの心の扉をノックしている人がいるのに、気づいていないだけなのかもしれません。

龍神さまに愛されると、不思議と自分自身を肯定できるようになります。自分の長所も短所も認めたうえで、自分自身を好きになれるのです。

自分のことが好きだから、自分にご褒美をあげられるようになります。美容に良いもの、似合う服、自分磨きにも時間を使うようになります。

自分を大切にすることが相手を大切にすること。それが良いご縁を引き寄せるのです。

龍神さまに導かれ、わたしの周りでも良いご縁から幸せな恋愛をはぐくみ、結婚したカップルはたくさんいます。

皆さん、口を揃えて「一緒にいると自然体でいられる」と言います。相手に合わせて無理したり、背伸びしたり、駆け引きしなくても、良いご縁で結びついた相手と一緒にいると、心底、心地が良いのです。

龍神さまを信じましょう。すぐそこに、素敵な人があなたを待っているに違いありません。

健康について——自然とつながることで体内のリズムが整う

誰も好き好んで病気になる人はいません。でも、無理がたたったり、日々のストレスから体調を崩してしまうことがあります。

不注意からくるケガもそうです。いつもはこんな場所でつまずくはずはないのに転んでしまったり、思わぬ事故に巻き込まれてしまうこともあるかもしれません。

そんなとき、つい「ああ、わたしはなんてツイていないのか」と、嘆き落ち込んでしまうでしょうが、じつはこれも龍神さまからのサインなのです。

あなたを必死に、健康になる道へ戻そうと龍神さまが奮起しているのです。

「このままの生活では体調、崩しますよ」

「疲れがたまっているので、しばらく静養しましょう」

ときには少々手荒な方法で、あなたに「健康的な生活」と「休養」を与えてくださるのです。

健康というのは、まさに一長一短では手に入りません。毎日の食事や生活習慣によって、あなたの体が作られているからです。

龍神さまから「健康」になるエネルギーをいただきたいときは、毎朝、朝日を浴びましょう。ときには、風を肌に感じるような自然に接しましょう。雨の日を嫌がるのではなく、恵みの雨に感謝しましょう。

自然とつながることで、あなたの体内のリズムが整ってきます。あくせくした日々が続くときこそ、龍神さまを意識してください。

朝日にも、夜の星々の中にも、龍神さまの存在を感じることができます。そんなときは大きく深呼吸してみましょう。

龍神さまが「健康」という名のエネルギーを、あなたへと降り注いでくださいます。

いかがでしょうか？　龍神さまがあなたにもたらす未来の風景が見えてきましたか？　心の準備ができたら、わたしと一緒に5つのGATE＝登龍門をくぐってまいりましょう。

GATE 1

「龍神さまは神様のおつかい」

九頭龍神社の龍神さまからのご神託を受けて

龍神さまのことを理解していただくために、まずはわたしとつながりの深い箱根の九頭龍神社と龍神さまとの関係について、お伝えいたします。

箱根神社は、瓊瓊杵尊《ににぎのみこと》、木花咲耶姫命《このはのさくやひめのみこと》、彦火火出見尊《ひこほほでみのみこと》の御三神を箱根大神様と総称してお祀りされています。そして箱根の芦ノ湖の守り神として九頭龍神社でお祀りされているのが九頭龍大神様、すなわち眷属《けんぞく》の最高峰である龍神さまです。

眷属とは、神様に代わって神の意志を伝える存在で、龍神さまのほかには犬や天狗や狐、蛇などがいます。これら眷属は神様と同様に人間を越える力をもつため、総称として「眷属神」と呼ばれています。

わたしの母で古神道研究家である翠真佑は、木花咲夜姫様のことを心から尊敬しております。あるとき母は、箱根神社の先代宮司（現在の名誉宮司）様に、このように尋ねたことがありました。

「多くの人から悩みを相談されています。悩みのある方々をお救いする際、神様にはどのようにお願いすればよいのでしょうか」

すると、名誉宮司様は、

「お願いごとは、神様の眷属である龍神さまにお伝えしなさい。なるべく具体的にお願いすることで、龍神さまは強い威力で願いを叶えてくださるでしょう」

そのお言葉から、箱根の九頭龍さまとご縁をいただき、お願いごとをするようになりました。

その当時（平成一一年）、まだ九頭龍神社や龍神さまのことは世間にあまり知られていませんでした。

とくに九頭龍神社の本宮は、芦ノ湖を舟で渡っていくか、山道をずっと歩いていかなければならず、多くの人が参拝に訪れる場所としては向いていませんでした。

しかし、何度も箱根神社と九頭龍神社の本宮に参拝に赴き、そこでの霊験あらたかなパワーを目の当たりにした母が、あるとき九頭龍神社で不思議なご神託を受けとったのです。

「龍神さまは活気が大好きだから、多くの人達が参拝できるようにすると、御力と箱根神社の賑わいが倍増する……」

母はそのことを名誉宮司様に伝えて、神社に寄付をさせていただくことにしました。

すると、そのことがきっかけで建設費用がどんどん集まるようになり、箱根神社のご本殿の隣に九頭龍神社の新宮が建立され、平成一二年辰の年の元旦からお参り出来ることになったのです。

これが「辰年《たつどし》の龍神詣《りゅうじんもう》で」として世間から大いに注目を集め、政財界の方々や著名人が、

「九頭龍神社の龍神さまをお参りすると、出世する」

と、大勢参拝したことで、あっという間に箱根神社と九頭龍神社は有名になりまし

九頭龍神社新宮

九頭神社新宮に石玉垣《いしたまがき》を奉納

上の写真の左側が真佑会の
区画となっています

た。また、芸能人が結婚式を挙げたことで、女性たちが縁結びの神様として箱根神社と九頭龍神社新宮を参拝するようになったのです。

龍神さまを祀っている神社は全国に数多くありますが、とくに箱根の九頭龍神は、最強の力をもっています。

本書で初めて龍神さまのことを知った方は、「多くの神様がいる中、なぜ龍神さまに愛されると、人生が良い流れになるのか?」と思う方もいらっしゃるでしょう。さきほどもお伝えしたように、龍神さまは神様の眷属の中でも最高位の自然界の神様です。天空を自由に駆けめぐることで、風を起こし雲を動かし、雨を降らせます。

龍神さまが存在することで、地球にとって必要な自然界の「気」の流れが整っていくのです。

また「運気」というのは、「気を運ぶ」ということであり、それは人の「運気」にも影響します。龍神さまに愛されると、まさに「人の運気の流れをよくする」ことになります。

さらにいうなら、地球環境が悪い状況では、人の運気の流れも滞ります。その流れを良い方向へ整え、導いて**「地球と人間の波動を上げていくのが龍神さまのお役目」**なのです。

具体的には開運、金運、良縁を司るので、それらを求める方々はまめに参拝されると良いでしょう。

九頭龍神社と龍神さまの由来

九頭龍神社に龍神さまが祀られるようになったのは、奈良時代のはじめのことです。万巻上人《まんがんしょうにん》は、鹿島神宮で日本で最初の神宮寺建立を果たしたのち、天平宝字元年（七五七年）に霊山として名高い箱根山に入峰しました。そして三年にも及ぶ修練苦行の末、箱根大神の霊夢を感得し、箱根神社の創建に至ります。

約3,000年前に誕生したと言われている芦ノ湖

その頃、芦ノ湖に棲む九つの頭をもつ毒龍が、しばしば雲を呼び風を起こして荒れ狂い、里人を苦しめていました。

霊夢を感得し、箱根大神の霊力を得た万巻上人は、里人を救おうと湖上に壇を設け、一心に祈りを捧げること二一日。現れた毒龍は宝珠《ほうじゅ》・錫杖《しゃくじょう》・水瓶を捧げ持って、今までの悪行を懺悔し、芦ノ湖と里人の守護《しゅご》を誓いました。

万巻上人は生まれ変わった毒龍を、芦ノ湖の守護神・九頭龍神として、箱根神社の創建同年に九頭龍神社を建立し、お祀りしました。爾来《じらい》、箱根神社例祭の前日には、宵宮《よいみや》として九頭龍神社を祀る湖水祭が行われています。

万巻上人は、平安時代の弘仁七年（八一六年）に逝去され、九七歳でその生涯を閉じましたが、奥津城《おくつき》（墓所）は、箱根神社の北参道の入口近くにあり、毎月二四日に月次祭が行われ、毎年一〇月二四日には万巻上人祥月命日の祭りが行われています。

龍神伝説——日本古来にも存在していた龍のお話

そもそも龍は中国の伝説上の神秘的な存在として崇められていました。その後、さまざまな文化と共に日本に伝承し、もともと日本にあった蛇神《やまたのおろち》信仰と結びついたと伝えられています。

龍神は、日本神話に登場する、国土形成の中心的な神様と言われる「国之常立神《くにのとこたちのかみ》」の眷属として登場しています。

一説には、地球の創生期には龍蛇族が深くかかわっており、その中心となった龍神さまは国之常立神のことである、という言い伝えもあります。

また、日本の国土が龍の形に似ていることからも、元来、国土全体に多くの龍神さまが存在していました。

神様は自身が鎮座している土地からはあまり動きませんが、龍神さまは一か所に留まることはありません。

神様は移動したいときに龍神さまの背中に乗ることがあり、反対にその土地が気に入った龍神さまは、神様に留まることをお願いすることがあると言われています。

そしてわたしたち人間は、直接、神様にお願い事をするのではなく、龍神さまに祈ってお願いをしてきました。このように人と神様と龍神さまは、密接に関わってきたのです。

龍神さまの中でも「九頭龍神話」は各地でさまざまに語られています。代表的なものは、さきほどご紹介した箱根の九頭龍さまですが、そのほかにも福井県の九頭竜川流域、千葉県の鹿野山、長野県の別所温泉、滋賀県の三井寺、大阪府の豊能地域などが伝承地として語られています。

また、九頭龍神が鎮座している神社は、箱根の九頭龍神社以外にも長野県の戸隠神社内の九頭龍社や、京都の九頭竜大社があります。

どの九頭龍神の御神徳も、土地の守護、縁結び、開運、治水（洪水にならないように御守りすること）、祈雨止雨だと言われ、多くの人たちから祀られる存在として大切にされています。

これ以外にも、地元の神社に龍の彫刻を掲げた社殿がありますが、そういった神社にも龍神さまがいらっしゃることがあります。

箱根の九頭龍神社に参拝されることが理想ではありますが、遠方で来られない方は地元の神社へのお参りでも大丈夫です。大切なのは、龍神さまへの感謝のお気持ちをお伝えすることなのです。

龍神伝説――善神としての九頭龍神

毒龍から改心して善神となった九頭龍神もいれば、最初から善神として現れた九頭龍神もいます。

平城京跡の二条大路の辺りから出土した書物の中に、九頭龍神について書かれた文献が見つかったそうです。

『南山之下有不流水　其中有一大蛇九頭一尾　不食余物但食唐鬼　朝食三千暮食八百　急々如律令《きゅうきゅうにょりつりょう》』

これを訳すと、

「南山のふもとに流れずに留まっている水がある。

そこには頭が九つ、尾が一つの大蛇が住み、唐鬼《からおに》（天然痘）しか食べない。

朝には三千匹、夕には八百匹の唐鬼を食べる」

とあります。最後の『急々如律令』とは、呪文の決まり文句ということからも、この文献が九頭龍神の疫病除けであることがわかります。

霊験あらたかな九頭龍神が、疫病を食べることでその土地の人々の命を守ったという言い伝えです。

また、滋賀県大津市の三井寺には、天智天皇、天武天皇、持統天皇の産湯に用いられたという『三井の霊泉』があります。

その泉には九頭龍神が棲んでいると言われ、一年のうち十日間、夜の丑の刻に姿を現しては、金堂の弥勒さまにお水を供えに行くという言い伝えがあります。

そのほかも、大阪府の豊能では、九頭龍の遺骸から農作物がよくとれる肥えた土地が育まれたという伝承や、長野県上田市・別所温泉には雨乞として九頭龍神を祀る儀式があります。恐ろしい姿にも見える九頭龍神ですが、そのお姿が吉兆と捉えられていたのです。

神社の参拝と龍神さまのご神氣

神社に参拝すると、心が軽くなってスッキリすることはありませんか。いわゆる浄化された状態です。多くの神社はパワースポットになっているので、足を運び、お参りすることでエネルギーがチャージされ、心身ともに元気になります。

たとえば今、自分が悪い状態にいるとします。いわゆる重い石を抱えているので、浮上できない状況です。

重くて底に沈んでいる状態を上向きに、または後ろ向きの状態を前向きに整えるのが神社への参拝です。この整えるという行いが、開運術であり龍神さまの存在なのです。

バイオリズムが悪いときは、悪いほうにしか意識がいきません。勘違いして欲におぼれて、お金儲けの話に騙されたり、悪い縁を引き寄せてしまいます。それを良い状態にもっていくには、開運力の強いものを摂り入れなければいけません。

それが神社に参拝することであり、わたしが継承してお伝えしている開運学である奇門遁甲の吉方取りなのです。

（本書では「奇門遁甲」については深く触れませんが、興味のある方は巻末に掲載した真佑会ホームページをご覧ください）

神社参拝に行く際、鳥居をくぐるとその瞬間、空気が変わる感じを経験したことがある方もいると思います。

鳥居は神の領域の結界で、俗世との境目です。「ご神氣」という言葉がありますが、これは神様や龍神さまから発せられるエネルギーのことです。

波動として感じられる人がいる一方、まったく感じない人もいると思います。何度もお伝えしますが、大切なのは、

「神社に参拝して、神様や龍神さまに感謝とお導きをお願いしたから、これ以上悪くはならない」

という安心感を持つことです。

実際に、神社で参拝した後、「なんだか元気になった」「明るい気持ちに切り変わった」という人は多いものです。

神社は心身ともに浄化されるパワースポットです。清々しく前向きなエネルギーが入ってくるように、自然と整えてくれるのです。

そして「応援するから安心して行動しなさい」と、背中を押してくれる存在が龍神さまです。

神社で参拝するときは、自分が望む方向をはっきり認識して、龍神さまに相談し、明言すること。

仮にそのときは落ち込んだ気持ちであっても、良い方向に意識が変わっていくのを実感するでしょう。

神社への参拝の仕方もご紹介します。御神前に進んだら、まず深いおじぎをします。それから、二拝、二拍手、一拝の作法で、お参りします。（箱根神社参拝作法より）

①　二　拝　背中を平に九〇度に腰を折り（難しい人は腰からしっかりと曲げるイメージで）、頭を下げます。これを二回繰返します。

②　二拍手　両手を胸の高さで合わせ、拍手を二回打ちます。その後、両手を合わせ祈念します。

③　一　拝　両手を下ろし、最初と同じように拝を一回行います。

お参りの後は、深いおじぎをしてから、御神前を下がります。

参拝客が多いときは、ゆっくりお参りできないかもしれませんが、神殿でのお参りだけでなく、ぜひ神社のまわりをゆっくり歩いて、深呼吸してみてください。

ご神木がある場所も、パワースポットです。手に触れることはできなくても、手をかざしてみると、パワーを感じるかもしれません。

お守りを身につけるとなぜいいか？

お守りやお札は悪いものを退けるというよりも、お守りをいつも身につけて目にすることで、**意識的にも無意識的にも「お守りいただいている」という安心感をもてるようになります。**

自分自身が良い状態で整っていると、たとえ悪いことが起こったとしても、「人間万事塞翁が馬」のように、それが良いことのきっかけにつながるようになります。

これまで自分が無意識に引き寄せてしまった悪い縁が切れて、自然と良いご縁を引き寄せるようになるのです。

よく「いろいろな神社のお守りをもっていると、神様同士が喧嘩しませんか？」と質問する方がいますが、それは人間界の認識です。神様同士がいがみ合うことはありませんので、あちこちの神社のお守りをもっていてもかまいません。

ただ、気になるのはあちこちの神様にお参りすることで、叶えたい夢への熱量が分散されてしまうことです。

自分の想いのエネルギーが「10」あったとしましょう。A神社に「2」、B神社に「3」、C神社に「3」D神社に「2」になってしまうと、それぞれの神様や龍神さまには、あなたの本気度や熱量が伝わりません。

それよりも、A神社に「10」のエネルギーを注いで、「わたしはどうしてもこの夢を叶えたいのです。どうぞお力添えください」と、参拝したほうが、神様や龍神さまにはその想いが伝わり、願いが叶うスピードは速くなります。

また、龍神さまにとっても、たまにしか神社に来ない人よりも、頻繁に会いに来てくれる人に愛着をもつものです。それは人間界も神様の世界も同じだと言えます。

GATE
2

「龍神さまとの不思議な出会い」

ある朝、龍神さまからのメッセージが

ある日の早朝、いつものように自宅の神棚で手を合わせ、龍神さまへのご挨拶をしていたときのことです。

「龍神さま、今日も一日、よろしくお願いします」

わたしが頭を上げると、神棚にあった金の龍神さまの置物の目が光った気がしました。次の瞬間、わたしの頭の中にダイレクトに次のようなメッセージが降りてきたのです。

「そろそろ準備をはじめよう。その前に、お前が知っておくべきことがある」

わたしはすぐに、龍神さまからのメッセージだと気づいたのですが、その内容についてはわかりませんでした。

金の龍の置物

自宅の庭にも龍神さまを
お祀りする社があり、
ここで毎日、手を合わせています。

　ここから書くことは、わたしが龍神さまから受け取ったメッセージなのか、じつは母から子どもの頃に聞かされた話なのか、よくわかりません。きっとその両方だと思います。
　でも、ひとつ言えることは、わたしの頭の引き出しから突然、ぽんと出てきた記憶のように鮮明なエピソードだった、ということです。

　よくこの世に生まれてくる子どもは、親を選んで生まれ落ちる、と言われます。
　なかには前世の記憶があるまま生まれてきた子どもや、お腹の中の記憶が残っている子どももいます。

わたしの場合は、紛れもなく、古神道研究家・翠真佑と、医学博士であった父の間の子どもとして生まれたくて、自分で選んでこの世に誕生しました。

母はもともと身体が弱かったため、わたしを身ごもるとすぐに切迫流産となり、安定期の五カ月過ぎるまでは、ずっと寝たきりの生活でした。

つわりがなかった母は、寝たきりの生活で体重が増えすぎてしまったことなどから、病院で計画出産をする予定でした。

ところが、予定日の一〇日前に突然の破水。陣痛ははじまっていませんでしたが、母はそのまま緊急入院となりました。

母はベッドでずっと泣いていました。

「……困るのよ、困るの。なんとか、四日に生まなければ……。お願い、何とかしてちょうだい」

泣き叫ぶ母に、

「もうすぐ母になるのですよ。母子ともに健康で生まれてくればいいではないですか」

そうなだめる看護師に、母はさらに感情をぶつけました。

「いいえ！　四日でなければだめなんです！」

龍神さまが奇跡の誕生の後押しをした日

母はなぜ、これほどまでにわたしの誕生の日にこだわったのか……？

それは母が、運命鑑定家であったため、人がこの世に生まれ落ちる日によって、基本的な運命が決まってしまうことを痛いほど知っていたからです。

母が強く望んだ日は運命学において年・月・日の組み合わせが素晴らしくとても恵まれた運命となる日でした。わたしを生むなら、ピンポイントでその日しかなかったのです。

ただし、その年回りで最良の日は変わります。節分もその年で日にちは変わります。あくまでわたしが生まれた年の運命学でのお話だということはご理解ください。

このままでいくと五日に生まれるというのが、病院側の見立てでした。

さらに追い打ちをかけたのが、内診で見つかった、へその緒がわたしの首に絡んでいるとのことでした。

産婦人科医だった父が、その後、適切な処置をしてわたしは無事にうぶ声をあげることとなりました。母子共に問題なく出産を終えたのですが、安堵した母がふと時計を見ると、何と時間は四日の夕方五時。

へその緒が首に巻きつく難産にもし手こずっていたら、わたしは翌日の五日生まれとなり、最悪の場合は命を落としていたかもしれなかったのです。

母は、ひたすら生まれたばかりの我が子を胸に抱きしめ、泣いていました。でも、その涙は不安の涙ではなく、安堵と感動の涙に変わっていました。

「この子は最高の日に生まれてくれた。まさしく運命の子だわ。きっとすごい人生を歩むに違いない」

わたしはこのときの光景を、龍神さまを通じて、見ていたような感覚があります。お産をする母のまわりでは、龍神さまがずっと見守っていたのです。

母のお腹の上をぐるぐるとまわり、わたしの首に巻かれたへその緒を逆回転させて、わたしはそのまますするりと、この世に誕生したのでした。

龍神さまのご加護で成長スピードを速めた

わたしはどうやら、ほかの子供よりも成長のスピードが早いようでした。それもそのはず、生まれる前から龍神さまのご加護があったのですから、すべてにおいて成長速度が速くなっていたのは当然かもしれません。

おむつが取れるのが早く、

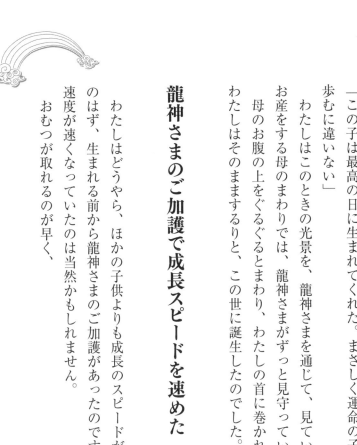

「おしっこは、おまるでしてね」

と母が教えると、おむつにはしないで、おまるに座ってちゃんとできる子でした。絵本のひらがな、カタカナもすぐ読めるようになりました。母が毎晩、絵本の読み聞かせをしてくれたので、あっという間に、いろいろな物の名前や言葉を覚えてしまいました。

その頃のわたしは、とにかく好奇心のかたまりでした。目につくもの、気になるもの、知りたいことを次々に母に質問していました。

「ねえママ、これなあに？　なんでこうなるの？」

母は家で仕事もしていましたから、ときには質問に適当に答えてしまうこともあったようです。すると、わたしは、

「ママ、このまえと、お答えがちがう！」

と、烈火のごとく泣きじゃくるのです。

困り果てた母は、

「あなたは文字が読めるのだから、これでお勉強しなさい」

と、わたしに百科事典のシリーズ一二巻を買ってくれました。

その百科事典もあっという間に読破して、わたしは幼くして、かなり物知りになっていました。

その頃になると、母の周囲では、

「翠先生の息子さんは、どうやら天才らしい」

という噂が流れだしました。


わたし自身も鮮明に記憶に残るシーンがいくつかあります。

母が鑑定をしていた企業の社長が、わたしにタイプライターをプレゼントしてくれたことがありました。

わたしは、キーボードを叩くと、白い紙に文字が打たれていく様子が面白くて、父や母、または家に訪れたお客様にペンで字を書くことができるようになる前からお手紙を打って、渡していました。

「わぁ、すごいね！　天才だね」

大人たちは皆、わたしの顔を覗き込むようにして、褒めてくれました。

また、こんなこともありました。母が買い物に行くとき、わたしはいつも家でお留守番していました。

「ぼくはお家で待ってるよ。だって買い物は楽しくないもの」

わたしが留守番をしていると、母の仕事関係からひっきりなしに電話がかかってきました。母からは、

「電話には出なくていいからね」

と言われていましたが、大事な用事があるから電話がかかってくる、というのは子どもながらに理解していました。電話の呼び出し音が鳴って電話に出ると、電話の相手は決まって、このように尋ねてきました。

「翠先生、いらっしゃいますか？」

「いま、お買い物に行っていません」

「何時に帰ってきますか？」

「もうすぐ帰ってきます。どちらさまですか?」

「●●出版社の△△です」

「ママに伝えておきます」

そう答えると、電話口の相手は皆「えー、本当に⁉　すごい」と驚嘆の声をあげました。

わたしは大人が驚く様子が面白くて、母が留守のときの電話に出るのが楽しかったのです。

母が戻ってくると、わたしは、

「●●の取材のおねえちゃまが、何時に電話くださいって言ってたよ」

など、受けた電話のメッセージをすべて母に伝えていました。

母は最初こそ、半信半疑で、確認の意味で折り返しの電話をしていたようでした。

「息子が電話に出たので、間違っているかもしれないけれど……」

すると決まって、わたしの伝言はすべて合っているので、母も相手も何度も腰を抜かすほど驚いていました。

教育者が驚くほどのＩＱの高さから、わんぱく少年へ

あるとき我が家に教育関係者がたずねてきたことがあります。

「どのように育てれば、あのような凄いお子さんになるのですか？」

わたしといえば、本を読むのがとにかく好きで、母の買い物に付き添うときも、本屋さんで待って、そこで好きな本を読んでいました。

近所の本屋さんではすっかり顔なじみになり、わたしを気に入ってくれた店長が、母が用事をすますまで店で預かっていてくれていたのです。

母はお礼もかねて、わたしに書店にある子供向けのドリルをすべて買ってくれました。わたしはそれを買ってくれたそばからすぐに解いてしまうほど、勉強が大好きな子どもに成長したのです。

通っていた塾も幼稚園で飛び級になり、小学生の範囲を勉強していました。

さらにどんどんと先の勉強まで進んでいったところで、塾から「幼稚園児が、小学生のお子さんと一緒に勉強するのは、他のお子さんも保護者も嫌がるので」と、通塾するのを断られてしまいました。

でもいつしか、あんなにわたしのことを「すごいね。天才よ」とほめてくれていた母が、

「子どもなんだから、元気に外でお遊びなさい」

と言うようになりました。

その頃のわたしは身体こそ大きかったものの病弱でした。それでいて家のなかで勉強ばかりしていたからでしょう。母は、奇門遁甲で元気で活発に育つようになる方位を選び、都会よりも緑が多い環境へと引っ越しをすることにしました。するとわたしは自然豊かな環境で、わんぱくで元気な少年へと大変身したのです。

ときには、わんぱくが過ぎて両親や学校の先生を困らせることもありました。母が

学校に呼び出されて、先生に謝っている姿を今になって思い出すことがあります。子どものために無償の愛を注いでくれた親には、改めて感謝の気持ちしかありません。

七歳のとき、神社で龍神さまの気配を感じて

ここでわたしと龍神さまとの出会いについてお話ししましょう。それはわたしが七歳のときのことです。

母と一緒に箱根神社にお参りにいったとき、参道を歩いていたら、突然、道の両脇の木々がザワザワと音を立て始めたのです。

その日は箱根神社と芦ノ湖に行く予定でした。子どもながらに神々しさよりも神秘的な雰囲気を肌で感じていました。

わたしの前を歩く母に目をやると、母の背中からたくさんの光がわたしを目がけて

降り注いできました。

わたしはまぶしいのと、ただならぬ龍神さまの気配に圧倒されて、なぜだか涙がポロポロとあふれ出してきました。

その様子に気付いた母が振り返って、

「どうしたの？　なぜ泣いているの？」

「どうしてなのかわからないけど、ママのお背中から光がどんどん出てきて、まぶしくて涙が出るの」

母は、さらに、

「あなたは神社にくるときだけ、なぜそんなにおとなしくなるのかしら。いつもはちっともじっとしていないのに」

「神社にくると、誰かが上から僕の頭を押さえてくるんだよ」

と、これはわたしがかなり大人になってからも、たびたび母から聞いた話です。

子どもの頃、わたしの頭をおさえていたのは、間違いなく龍神さまでした。そしてわんぱくだった子供時代、神前での過ごし方を教えてくださっていたのも龍神さまでした。

芦ノ湖が波打った！　本宮で出会った龍神さま

わたしは学生時代も、毎日、龍神さまへのご挨拶は欠かさず行っていました。それは自分にとって、すごく自然なことでした。

母も、そんな様子は見て知っていたので、神様、龍神さまを意識して、あれだけ毎日手を合わせていれば、必ずいつか龍神さまがつくときがくると、信じていたようです。

この話は、母もお弟子さんたちも、わたしによく話してくれていたことです。母が箱根神社に参拝に行き、芦ノ湖に立つと母に向かって波しぶきが異常に立つそうです。

著者の自宅にある
九頭龍絵馬の原画となった絵

九頭龍絵馬

湖の中の魚たちが音を立てて飛び上がり、鯉は母に向かって一列に並ぶといいます。

そして、母が祈りはじめると、さらに波が激しくなっていきました。

祈りが終わって歩きだすと、母の歩くところのみ、波がついていくようにピチャピチャと音をたてます。

さらに木々の場所では、母の歩くところのみ木々がザワザワと音をたて、なぜか反対側の木々は静かでした。

芦ノ湖の湖中には湖の中に龍が棲んでいるので、神社に行くとき龍は湖の中からついてくるため、歩く道のところの木々だけがザワつき、その存在を示していたのです。

ある年のことです。わたしは真佑会の人たち数人と九頭龍神社の本宮で厄祓いを行いました。これは、いわゆる厄年にあたる年だったということではありません。運命学の観点より吉凶混合となる年回りだったため悪い面が強く出ないように、そして良い面を力強く後押ししていただけるように、というための参拝です。

真佑会の会員の方のなかで、その年に注意をする必要のあった方に声をおかけいたしました。

当日の朝、母が我が家の龍神さまに、祈り込みをしている姿をあとに出発しました。母からは九頭龍神社の本宮に到着する一五分前に知らせるように言われていたので、携帯からメールで知らせました。

すると芦ノ湖の水面がいきなりゴーッとものすごい音をたてて、波立ったのです。ご祈祷の最中も湖はものすごい音をたてて、神職の読み上げる祝詞も聞こえないほどになりました。

ご祈祷を終えたら、湖に立つように母から言われていたので、参加者と共に湖に立つと、さらにものすごい轟音で、わたしの立つところにめがけて波が押し寄せてきました。

当日はまだ冬の季節で寒く、周りの参加者はコートをしっかり着てマフラーを首に巻いていましたが、わたしは龍神さまの気配を感じていたので、恐れ多くてとてもコートなど着られる状態ではなく、スーツのまま龍の気配に身を任せていました。

幼い頃に母と一緒に箱根神社に来たときのことを思い出しました。母の背中からものすごい光の光線が目に飛び込んできたのと同じくらい、何かものすごいエネルギーに包まれたような、不思議な体験でした。

帰宅後、母にそのときの状態を話したら、

「遠隔で龍神さまを呼んだのよ」

と答えました。さらに、

「今まではあなたが若すぎたから重荷になるといけないと思って言わなかったけれど、これであなたは龍神さまに気に入られたので、立派に龍神さまと対面ができるから安心しなさい」と告げられました。

その後、母と一緒に吉方取りに行きましたが、これまではずっと晴れ男だったのに、珍しく雨に降られました。けれど帰りには不思議と雨は止んだのです。

「あなたもやっと龍神さまに認められたのね。これからはもうわたしでなく、あなたが皆さんのために龍神さまにお祈りをして、守ってあげなさい。あなたはきっと、わたし以上の開運術師になります。それがあなたのお役目です」

それからは不思議と、出版の話や大きな仕事の依頼が次々と舞い込んでくるようになったのです。

龍神さまがつくと、宿命にそった生き方ができる

ここまでのわたしの人生を振り返ってみても、母が古神道研究家で開運術師だったとしても、父が医者だったとしても、それを必ず継がなければならない、というわけではありませんでした。

例えばわたしにとっての宿命と適性がロボット技師であったら、そちらの道へ進んでいたと思います。

龍神さまのご加護があると、その人が本当に向いている道へ導いてくれるようになります。

それには親の意向は関係ありません。

適性のあるなし以上に、本当にその人にとって必要な道が開けてくるようになるの

です。才能があれば何でもできるわけではありません。

本人が好きな道でなくても、そのとき自分にとって必要なことなら、人生の修行として学ぶこともあるからです。

宿命とは、そうなるべくして進んだ道、と言い換えることができます。人生の分岐点で迷いながらも、より良いほうの道へ進めるようになるのは、間違いなく龍神さまがついているからです。

年齢を重ねてくると、自分が経験していないほうの人生を美しく思える時期があります。

「もし、あの道を選んでいたら、わたしの人生はどのようになっていたか」

と、選んだのは自分だけれども、ふと思うのです。

「もしかしたら、今の道は違うかも」「このままでいいのかな」

そのように思い悩む日があったとしても、龍神さまが味方についていれば必ず良いほうの道にいけます。だから間違えたと思わなくていいのです。

龍神さまはいつだって、あなたに、

「やってみなさい。あなたならできる」

と、背中を押し続けてくれるでしょう。

GATE
3

「龍神さまとつながるための八つの心得」

龍神さまは神様のおつかいとして、人間と神様の間を行き来する最上級の眷属です。よって人間にとって龍神さまは、神様よりは身近な存在になります。

気軽にお願い事をして良いものの、その分、龍神さまと接する心得がないとそっぽを向かれてしまいます。

ぜひ龍神さまとつながるための八つの心得を覚えて、日々実践しましょう。

心得1　叶えたい願いは素直にすがって良い

人間がコンタクトをとろうとすれば、龍神さまも後押しがしやすくなります。**叶えたい願いがあるときは、龍神さまに「どうか助けてください」と、どんどんすがって良いのです。**

もともと龍神さまは面倒見の良い王様のような存在。あなたを気に入れば、心強い味方となり、あなたを守ってくださいます。

「龍神さまに頼るのは申し訳ない」

などと遠慮しすぎなくて大丈夫です。龍神さまは子どものような邪気のない心で接する人が好きなのです。素直に心を開いて頼ってくれる人に力を貸そうとしてくださいます。

その分、自分だけご利益にあずかればいい、という身勝手なお願いは聞き入れません。もちろん、誰かの不幸を願ったり、脚を引っ張る願いもつっぱねるでしょう。

エゴむき出しの邪気の魂から出た願いに対しては、龍神さまはそっぽを向きます。

あなたの願いは、純粋な魂から湧き出たものですか？

自分さえ良ければいい、という身勝手なものではないですか？

龍神さまにお願いする前に、自分の心に問うてみましょう。

心得2　自宅から感謝の気持ちを伝えましょう

龍神さまがあなたを気に入ってくださると、スピーディに願いが叶うことが多くなります。もしも願いが叶ったら、**龍神さまに必ず感謝の気持ちを伝えることが大切です。**そうすれば龍神さまはもっともっと大きなエネルギーをあなたへ注いでくださいます。

基本は、龍神さまをお祀りしている神社にお礼参りをすることですが、すぐに足を運ぶことは難しいでしょうから、まずは自宅でお札を通して龍神さまへの感謝の意を伝えましょう。その日のうちにすぐに行うことが肝要です。

自宅に神棚がある人は、お札と共に龍神さまの置物を飾ることをおすすめします。毎朝、見守っていただいていることに感謝を述べると良いです。

「龍神さま、いつもお導きをありがとうございます。今日も一日よろしくお願いします」

と、唱えるとよいでしょう。

その際に、今日の目標を龍神さまにお伝えしましょう。力強く応援していただけるはずです。大袈裟に目標というほどのものが出てこないときには、その日の予定をお伝えしてみましょう。必ず、より良い方へと導いてくださいますよ。

帰宅後や就寝前にその日のことをお伝えするのも良いでしょう。もしも嫌な出来事があったとしても、不思議なことに龍神さまにお伝えをした直後から前向きな気持ちとなれていることに気付くでしょう。不安であった物事でさえも、龍神さまにお伝えをしてから好転に向かっていくなんてこともよくあります。

作法にこだわってかしこまり過ぎてしまうよりも、気持ちを楽にして自然な表現で伝えていただいて構いません。神前であるという心持ちはもちろんあるべきですが、元来、神様よりも気さくに接することの許される龍神さまです。自宅という環境も活かしてリラックスした状態で龍神さまと通じ合ってください。

神棚に関しては、立派なものを想像してしまいがちですが、お部屋のスペースに合ったもので大丈夫です。

ただ、最低限のルールがあるのでお教えします。

①神棚を置く場所は、日差しが入る東か南向きに

神棚は暗い場所に置くのは不向きです。できれば東か南向きが良いでしょう。ただし、間取りとして難しい場合は、できるだけ部屋の明るい場所や窓際が良いです。

本来は人が集まる場所、たとえばリビングに設置するのが良いですが、置く場所がないようなら別の部屋でもかまいません。ただし、納戸のような荷物だらけの場所は不向きです。

②置く位置は、自分が立ったときの目線より上が理想

よく、

「一階と二階、どちらに神棚を置いたほうが良いですか？」

著者の自宅の神棚

と聞かれることがありますが、どちらでも大丈夫です。

大事なのは、目につく場所に神棚があるほうが、毎日、より身近に龍神さまを感じるようになれることです。

置く場所などは理想を言えばきりがありませんが、自分が立ったときの目線より上に神棚を設置しましょう。

なにより大切なことは、龍神さまとつながっていられるように、お礼やご報告を毎日行うことです。

立派な神棚でないと、神様や龍神さまに失礼だから、と思う必要はありません。あくまでも自分のための神棚だと思って、毎日、龍神さまに感謝を述べましょう。

もし、どうしても神棚を置くことが難しい場合には、お札のみを高い所に置いて、神棚のように扱い感謝を述べるのでもかまいません。

心得3　水やお酒をお供えする

神棚のお話をしたので、龍神さまへのお供え物についてもお伝えします。龍神さまは自然界において水の流れを支配しています。雨を降らせて水の恵みをもたらしてくれます。

水の神として崇められている龍神さまは、川、海、湖、滝など水がある場所を好みます。天から地上へ「水を飲みに降りてくる」と言われていることから、水をお供えするととても喜びます。

龍の置物の前には、毎日、新鮮なお水をお供えしましょう。龍神さまが水をめがけて降りてくるので、その家はどんどん栄えていくのです。

また、箱根にある九頭龍神社の龍神さまは、お酒も大好きです。芦ノ湖にある本宮では、お酒をお供えする参拝者がたくさんいます。

龍神さまへのお礼参りには、お酒をお供えするのも良いでしょう。自宅の神棚にも、願い事がかなったときには、感謝の言葉と共に、お酒をお供えすると龍神さまは喜ばれます。

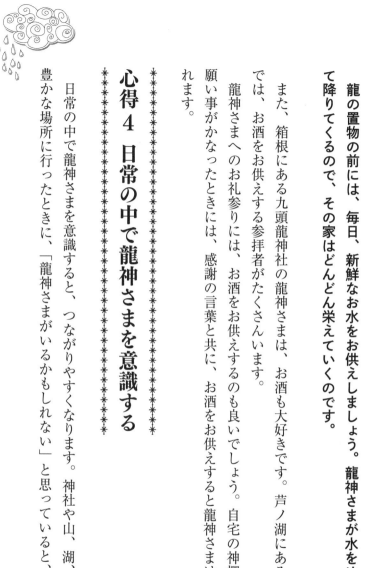

心得4　日常の中で龍神さまを意識する

日常の中で龍神さまを意識すると、つながりやすくなります。神社や山、湖、自然豊かな場所に行ったときに、「龍神さまがいるかもしれない」と思っていると、龍神さまが近くにいるサインをくださることがあります。

詳しくはGATE5で紹介しますが、**四六時中でなくてもかまいません。龍神さまを想いながら、空を見上げたり、木々の多い公園を散歩したり、家の中の風通しを良くするなど、意識して自然を感じる時間と空間を作ると、龍神さまがあなたのもとに訪れやすくなります。**

たとえば、大切なお客様がいらっしゃるときは、きちんとお出迎えすると思います。迎え入れる気持ちや準備は、龍神さまにも伝わり、近くに寄ってくるようになるのです。

また、心理学用語にシンクロニシティ（意味のある偶然の一致）というのがあります。会いたいと思っていた人に、偶然会えた。連絡をしようと思っていた人から、連絡が来たなど、引き寄せのような偶然の一致が、龍神さまとの関係でも起こるようになります。

それは、あなた自身が心から龍神さまとのつながりを求める気持ちが、シンクロニシティを生むのです。

自分が困ったときだけ龍神さまを呼んでも、龍神さまはあなたを見つけられません。日頃から龍神さまを意識することで、

「わたしはここにいます」

と、龍神さまにサインを送るようにしましょう。

心得5　常に部屋をきれいに片づける

龍神さまはとてもきれい好きです。せっかく神棚やお供え物をしたとしても、部屋が散らかっていたり、汚れていたら、龍神さまは寄り付いてこないでしょう。

とくに玄関は、龍神さまだけでなく、すべての運が入ってくる入口です。玄関はきれいにしておくこと。靴は玄関に置くのは一足までが基本ですが、家族が多い家は三足まで、きれいに並べて置くようにしましょう。

また、龍神さまと関連する水に関連する場所である、キッチン、お風呂、トイレは

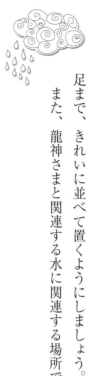

常にきれいにしておくことをおすすめします。

また、使わなくなった古いもの、着なくなった洋服など、今の自分にとって不必要なものが部屋にあふれていないでしょうか？

クローゼットにいらないものが雑然とあふれていたり、いらない物を段ボールに入れっぱなしで玄関先や部屋の隅に積んでいるのはもっともタブー。

今の自分に本当に必要な物を取捨選択して、家の中をすっきりと居心地の良い空間にしておくのです。

きれいに片付けられた清潔な部屋には、龍神さまが喜んで訪れてくれます。龍神さまにいくら願っても恩恵を感じられないなら、まずは部屋を片付けることから始めてみましょう。

何より、あなた自身がすっきりさわやかな気持ちになるはずです。波動が上がることで、龍神さまは必ずそれをキャッチして、あなたの元に近寄ってくださいます。

心得６　良い香りで部屋を満たす

意外と思われるかもしれませんが、龍神さまは良い香りが大好きです。部屋にお香やアロマを焚いて常に良い香りにしておきましょう。

龍神さまが好きな香りは諸説ありますが、わたしが実感するのは、梅、桜、金木犀、沈丁花などの花の香りやシトラス系の香りです。

アロマでは、ローズやラベンダーの香りも龍神さまは好みます。リビングにバラの花やハーブ、観葉植物を飾るのも、龍神さまを招き入れるのにおすすめです。

大切なのは、あなた自身もリラックスしたり、豊かな気持ちになることです。苛々したり、落ち着きがない精神状態では、清らかで高尚な魂の龍神さまに敬遠されてしまいます。

まずあなたの環境の場を整えること。清潔さとすっきりした空間、良い香りに包まれれば、必然的に良い運が巡ってきます。それを連れてきてくださるのが、龍神さまなのです。

また、龍神さまを近くに感じたサインとして、「神社でどこからともなく良い香りがした」などのエピソードをよく耳にします。

良い香りに誘われて龍神さまがやってきたのか、龍神さまが訪れたことで良い香りがしたのか、いずれにせよ、あなたのいる空間を良い香りで満たしておくことが、龍神さまとお近づきになれる秘訣だと覚えておきましょう。

心得7　龍神さまの目線に立つ

ここまでは具体的な方法で、龍神さまとつながる方法をお伝えしてきました。ここからは、意識の中での話になるので少々難しいお話になるかもしれません。
しかし、じつはこの意識が一番大切であって、龍神さまとつながるための大切な心得になります。

今の自分を振り返って、「いい流れができている」「おおよそ理想通りに結果を出せている」「良い出会い、環境に恵まれて充実している」ということが当てはまる方は、良い流れ＝「ポジティブなスパイラル」に身を置いている証拠です。

良いスパイラルが、さらに良い運を呼び込み、自分が望む環境や人、お金などを引き寄せています。

反対に「何かと気苦労やトラブルが多い」「人間関係で悩んでいる」「結果が出ずに金運にも恵まれない」という思いが強い方は、今は悪い流れ＝「ネガティブなスパイラル」に巻き込まれている状態です。

不思議なことに「ネガティブなスパイラル」に身を置いている方ほど、自分がその渦中にいることを気付かずにもがいている場合が多いように思います。

そんなときこそ、龍神さまとつながりましょう。天を自由に駆け巡る龍神さまの高い視点で、自分自身を俯瞰で見てみるのです。

高次元の自分につながり、自分がポジティブとネガティブのスパイラルのどちらにいるのか客観視してみましょう。

龍神さまの視点でものごとを見られるようになると、自分自身があえてネガティブなスパイラルを選んで、悪い流れに身を置いていることがわかるようになります。

自分の意思さえあればネガティブなスパイラルは必ず抜けられます。そして龍神さまのお導きを信じて、ポジティブなスパイラルへ自ら移行していきましょう。

視点が変われば意識が変わり、状況は変化していきます。不要なものをそぎ落として、自分の環境をきれいに整え、日々、自分が目指す理想をイメージして行動することを、龍神さまに宣言するのです。

そのように意識して行動すると、自然と良いスパイラルを自分で起こせるようになります。その指針をくださるのが、龍神さまなのです。

仮に、あなたが「ネガティブなスパイラル」に再度、飲み込まれてしまったとしましょう。そんなときは、龍神さまの視点に立って今の自分自身を見つめてみましょう。俯瞰で状況を客観視することで、いち早く悪い流れから抜け出ることができます。

人生は山あり谷あり、です。ときには道に迷うこともあります。でも、龍神さまを味方につけていれば、最悪の事態になることはありません。

わたしは、そうやって新たなチャレンジをしながらも成功してきた方々をたくさん見てきました。

風の時代に大切なのは、スピーディに良い波に乗ることです。風も波も一か所にとどまることはありません。つねに動き続けています。

「この波に乗って大丈夫？」

「悪いスパイラルに巻き込まれていない？」

そんな不安や心配は、龍神さまの高い視点があれば見誤ることはないのです。

〜龍神さまの背に乗って高い空の上にいるイメージ〜
俯瞰していまの状態を客観視してみてください

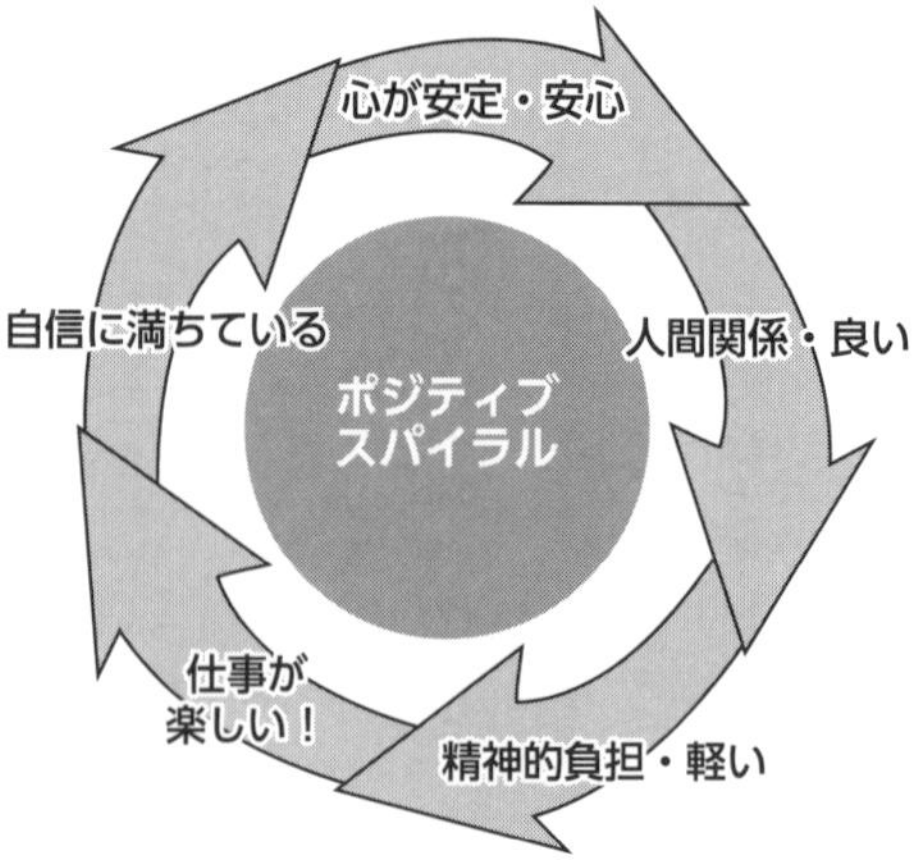

良い流れ（ポジティブスパイラル）はさらに良い運を呼び込みます。

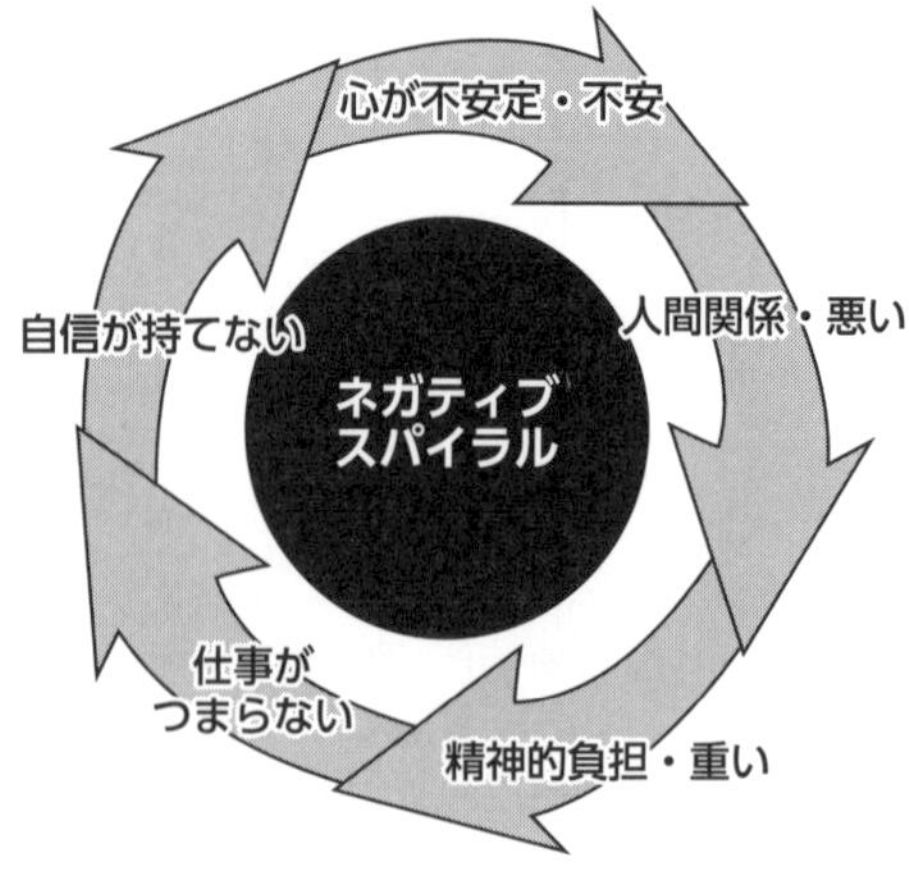

悪い流れ（ネガティブスパイラル）に身を置いていると、自分がその背中にいることに気付かず、もがいている場合が多いのです。
でも、自分の意志さえあれば、悪い流れ（ネガティブスパイラル）から必ず抜けられます。

心得8　心を軽くして生きる

二〇二〇年から続く激動の時代。世界中の人々の心は否が応でも沈鬱になりました。

「どうしてこんなことになったんだ」「政治はいったい何をしているんだ」「なぜ、自分だけこんな目に遭うのだ」と、これまで真面目に生きてきた人ほど、これからの人生を重く考えてしまうかもしれません。

でも、龍神さまの立場からすると、真面目に重く考え過ぎてしまう人ほど、どんどん泥沼にはまってしまいます。

なぜなら波動が重すぎて、龍神さまが良いスパイラルへ運んでいけないからです。

考えてもどうにもならないことは、「ここまでわたしができることは努力をしました。あとのことは天にお任せします」と、龍神さまにお願いして、少しでも心を軽くしてほしいのです。

「なんとかなる」「少しずつ良い方向に流れている」と信じる人に奇跡は起こります。
「来年の今頃は、今の苦労も笑い話になっている」と、思うことで少しは気持ちが軽くなりませんか？

他人への声掛けも注意が必要です。家族や親しい友人に、いつもいつも「心配、心配」と言っている人がいますが、これは相手に重しをつけているのと同じです。心配の波動は重いもの。そうではなく「きっと大丈夫！」と、相手を信じてあげること。

何が起きても深刻になり過ぎずに、ちょっと難解なゲームを楽しむつもりで、少しでも軽やかに生きることが、龍神さまとつながる大切な心得なのです。

また、言霊も大事です。そういうお話をすると、このようにため息交じりに言う人がいます。
「良い言霊の言葉を口にしたほうが良いとわかっています。でもつい、怒りに任せて人に対して暴言を吐いてしまうのです。そのあと決まって自己嫌悪です。こんなわたしでは、龍神さまから嫌われてしまいますよね」

落ち込む気持ちはよくわかります。でもわたしは、いつもこのようにお伝えします。人にはそれぞれ特性があります。感情が顔に出るタイプ、思っていることをストレートに言ってしまうのが悪いのではなく、その人の生まれ持っての特性なのです。

これはわたしが運命学に携わり、その人には運命とともに持って生まれた気質や性格があること。そしてそれを殺そうとするよりも生かすことの方が開運になることをよく知っています。

大切なのは、それを自分で気づいて認めて、取り返せるかどうか。成功者をみても、聖人君子は誰もいません。きついことは言っても、情がある人はたくさんいます。

自分で言ったことは良いも悪いも、自分から出た発信です。その伝え方が良くなかったなら、それを正していけばよいのです。

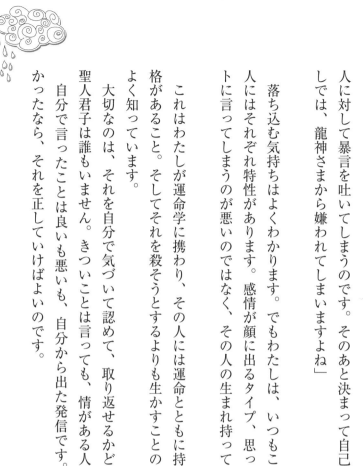

たとえネガティブなことを言ってしまっても、その都度自分を正していき、ポジティブな状態にいられるようにすることが大切。龍神さまとつながっていれば、自分が良いスパイラルに身を置けるようになります。

そうなることで、良い人たちとの縁が増え、表情、明るさが出てきます。さらに運の良い人との交流が増えていくと、良い発信や、良い影響ができるようになります。

龍神さまとつながると、心が軽くなるというのは、こういうことなのです。

付録① 運気を上げる龍神さまのマンスリー・ルーティン

龍神さま直伝の「金運」「仕事運」「人間関係」「家の中」「美容・健康」の運気を上げるマンスリー・ルーティンを紹介します。幸運を引き寄せる環境づくりのために、月に一回リセットしてください。なお、アドバイスの下にあるマークはそれぞれ㊎＝金運、㊓＝仕事運、㊅＝人間関係、㊋＝家の中、㊢＝美容、㊌＝健康に向けた内容になります。

※ご自身の体調や状況に合わせておこなってください。

一日　財布の中身をすべて出す

財布の中身をすべて取り出し、不要なレシートなどリセット。お札の向きを揃えて入れなおしましょう。㊎

二日　**名刺にメッセージを**

名刺にあいさつ文を書き添えて相手に渡すと、仕事運がアップします。㊡

三日　**起きたら深呼吸**

朝起きたら窓を開けて大きく深呼吸を三回。
ポジティブな気が入ってきます。㊅

四日　**明るい色の服を着る**

明るい色の服を着ると前向きなエネルギーに包まれ、魅力がアップ。㊥

五日　**財布を二つ持つ**

生活費で使うお財布と、
お金を呼び込むよそ行きのお財布を持つと金運上昇。㊎

六日　**手のひらをマッサージ**

手のひらにはたくさんのツボがあり、
マッサージすることで精神が安定します。(健)

七日　**小さな鏡を持ち歩く**

鏡は魔除けとして持ち歩くと、人間関係のトラブルを防ぎます。㊅

八日　朝食にフルーツを食べる

朝のフルーツは美肌に良いと言われています。季節のあったものをチョイス。㊮

九日　玄関に花を飾る

玄関に生花を飾ると、龍神さまが訪れてその家が繁栄します。㊫

一〇日　お札は2・5・8の単位で

よそ行きのお財布にはお札のみ〔2〕(二重の喜び)・〔5〕(ご縁)・〔8〕(末広がり)のいずれかの枚数を入れると金運アップ。㊎

一一日　いつもよりたくさん歩く

ひと駅先まで歩くなどいつもよりたくさん歩くと、仕事運がアップ。㊓

一二日　お守りを身につける

悪運やトラブルから身を守るため、お守りを身につけたりバッグに入れて。㊇

一三日　洗顔後、顔を軽くたたく

洗顔後、軽く顔をパンパンとたたいてマッサージすると肌が引き締まり美肌に。㊮

一四日　玄関にあら塩をまく

玄関にあら塩をまいて掃除すると悪運を寄せつけません。㊫

一五日　財布に匂い袋

お金は良い香りが大好き。お財布に匂い袋を入れると収入アップ。㊎

一六日　口角を上げて笑う

口角を上げて笑うと、素敵な出会いを引き寄せます。恋愛運もアップ。㊅

一七日　キッチンのシンクを磨く

キッチンはつねにピカピカにすることで、その家は繁栄していきます。㊫

一八日　給料を用途別に分ける

光熱費や食費など用途別に封筒に入れて分けると節約に役立ち金運も上昇。㊎

一九日　シャワーで浄化

シャワーを頭から浴びると浄化作用が。嫌なことを洗い流してくれます。㊅

二〇日　ポプリをリビングに置く

良い香りをリビングに置くことで家に良い気が集まります。㊋

二一日　「ツイている」と言う

良い言霊は仕事運を上げます。「ツイている」を口癖にしましょう。㊓

二二日　はちみつ半身浴

入浴時にはちみつをバスタブに入れて半身浴。
あなたの魅力がアップします。(美)

二三日　根菜類を食べる

土の中は「蔵」を意味し、大根などの根菜類を食べると金運がアップ。㊎

二四日　光るアクセサリーを身につける

龍神さまは光るものが大好き。あなたの健康を守ってくださいます。(健)

二五日　寝る前にお清めのお酒

寝る前に少しだけお清めのお酒を飲み、嫌なことをリセット。㊟

二六日　リビングに楽しい音楽を

家族が集うリビングには楽しい音楽を流すと運気が良い流れに。㊁

二七日　トイレ掃除で金運アップ

トイレをきれいにすると、浄化作用があり金運が良くなり、臨時収入が！㊎

二八日　冷蔵庫の整理

冷蔵庫は健康運に関係します。まめに整理してスッキリと。㊗

二九日　朝起きたら、コップ一杯の水

水を飲むと体内が浄化されます。エネルギーもわくので仕事運が良くなります。㊓

三〇日　不要なものを捨てる

断捨離することで金運は良くなります。不要なものは「ありがとう」と言って手放しましょう。㊎

GATE 4

「龍神さまから愛される人、見放される人」

龍神さまは面倒見の良い王様のような存在、とお伝えしましたが、じつは少々気難しい面も持ち合わせています。

中国では、大地震が起きた原因として、ダムを建設するために龍神さまが住む黄河を真っ二つにしてしまったため、怒って災害をもたらせた、という説が伝わっています。

味方にすれば最強の龍神さまも、いったん敵に回すと最恐の存在になってしまうのです。

この章では、「龍神さまから愛されて、ますます発展する人」と、「見放されてしまう人」の違いについて、お話していきます。

もちろん、好かれる人、嫌われる人を取りあげて終わりではありません。人の心はいろいろな場で豹変するものです。

いつでもニコニコ、人に優しくいられれば理想ですが、ときには感情を爆発させて、言いたくもない罵詈雑言を口にしてしまうこともあるでしょう。

うまくいかないことが続けば、愚痴をこぼし、うまくいっている人の足を引っ張りたくなるときもあるでしょう。
天気が変わるように、人の気持ちは雨の日もあれば、風の日もあります。でも、暗く落ちた日こそ、龍神さまに好かれる人はどういう人なのか、思い出してください。

「今の自分の行いは、果たして龍神さまに好かれるだろうか？」
そんな目線が自分にあれば、どんなあなたになっても大丈夫。

……今のあなたは、龍神さまから愛される人になっていますか？

＊＊＊＊＊＊＊＊

その1　「無邪気で明るい人」は好かれるが、「陰気な人」は嫌われる

＊＊＊＊＊＊＊＊

GATE3でも触れましたが、龍神さまに好かれるには子どものように、純粋で無

邪気な明るさを持つことです。龍神さまだけではなく、ほかの神様たちも人間の持つ明るさや陽気さが大好きなのです。

龍神さまは明るい人が寄ってこないとエネルギー不足になってしまい、人を助ける力が弱まってしまいます。

大きな神社にはお祭りがあり、エネルギッシュにお神輿を担いで、にぎやかに人を集めて、歌や踊りを奉納しています。それは人間の陽気さを捧げる、という意味があるのです。

明るい人から発せられるエネルギーが龍神さまのエネルギーと共鳴することで、その場所やその人自身がさらにパワーアップしていきます。

たくさんの人から好かれる存在を「人気者」と言いますが、その人から出ている明るい「気」に、多くの人が吸い寄せられるように集まって、さらにたくさんの「気」を集める。そのように「人の気を集められる者」を「人気者」というのです。

明るい人には、たくさんの人が集まってきます。そんな人に龍神さまも好んで近づいていき、さらに応援してくれるようになるのです。

逆に、暗い人には陽気さが足りません。物事の暗い側面に注目して、「つらい」「無理」「ダメだ」「できっこない」と愚痴ばかり口から出てきます。

そんな暗くて陰気な人たちが増えてくると、日本から神様や龍神さまが逃げ出してしまいます。

令和というのは、「体・心（意志）・魂」の三つの要素が必要とされる時代です。そうでないと、いろいろと惨たらしい事件を起こす人間が増えてしまいます。

彼らには心（意志）がなく、まるでうつろだから精神のコントロールができなくなってしまうのです。そんな陰気で暗い人間が増えていくと、ますます暗い時代になってしまいます。

反対に明るい志を持っている人は、龍神さまから好かれることで、心の支えができるようになります。

こんなに心強いお守りはありません。不安が消えて、ますます明るくなります。そんな人が増えれば、世界はもっと明るくなるでしょう。

神様や龍神さまがいる神社に行ったら、つとめて明るく願い事を言いましょう。悩み事が解消されてから明るい気持ちになると思ってしまいがちですが、解決する前に龍神さまにお願いしたり、神社に参拝することで気持ちが清々しくなります。

すると不思議なほど、「何とかなる気がする」「きっとうまくいく」と、前向きなエネルギーが湧いて出てきます。その前向きなエネルギーが解決の道をひらくのです。

その2 「素直な人」は好かれるが、「疑り深い人」は嫌われる

龍神さまは無邪気な人が好き、ということはすでにお伝えしましたが、さらにいうと、「素直な人」は、龍神さまから愛される人です。

人からのアドバイスを素直に聞ける人は、さらに大事なポイントで飛躍するためのチャンスを龍神さまからもらうことができます。

いいなりになれ、ということではありません。まずは聞く耳をもって、もらったアドバイスを自分なりに取捨選択していけばいいのです。


龍神さまからのメッセージは人を介しての助言ということもあれば、ふと目にした新聞や雑誌の記事、書店で手にした本から受け取ることもあります。

またはどこからか流れてきた音楽のフレーズだったり、電車の窓からたまたま見た、広告のキャッチフレーズのこともあります。

そのような気づきのメッセージを受け取るのも、まずは心が素直であることが大事です。素直だから、龍神さまからのメッセージをキャッチできるのですから。


反対に、偏見にみちた人、疑り深い人には、龍神さまがメッセージを届けることがむずかしくなります。

すべてにおいて「そんなはずはない」「間違っているに決まっている」「だまそうとしている」「人生、そんなに甘くない」という猜疑心に満ちた感情に支配されていると、龍神さまはその人を助けるのをあきらめてしまうのです。

もし、あなたが親切心で行ったことに対して、「余計なお世話だ」「何を企んでいるのだ」「見返りを期待しても無駄だぞ」と言われてしまったら……?

その相手を二度と助けようとは思わないでしょう。

そうではなく、**素直に「ありがとう」と感謝する。ありのままを素直に受け止める。**

それが出来る人は、龍神さまから愛され、応援されます。

根が素直な人は、自分の心の声にも素直です。

「なんとなくうまくいく予感がする」「あの人と一緒にいると、未来が開ける気がする」

そのような心の声も、損得なく素直に受け取って行動するので、どんどん良いスパイラルとなって成功へと近づいていきます。

それもこれも、龍神さまがあなたに良いインスピレーションを与えてくれている結果です。

「騙されるかもしれない」と、疑いの目を向ける相手に、人は温かい気持ちを向けようとは思わなくなります。

素直にありのままを受けとる人に、龍神さまはチャンスを与えてくださるのです。

その3 「目標のある人」は好かれるが、「無目的な人」には力を貸さない

龍神さまは、楽しそうなことやワクワクした感情に引き寄せられます。目的や目標があって、楽しそうにチャレンジしている人には、前向きなエネルギーが満ちあふれています。

そんな人を見つけると、龍神さまはすぐさま飛んで行って力を貸したくてウズウズするのです。

チャレンジ精神が旺盛な人は、目的をもって常に上を目指しています。その心の目線が、何より龍神さまに好かれるポイントです。

目標や夢がその人の原動力になって、内なるエネルギーを燃えたぎらせるのです。企業の社長やプロスポーツ選手、世間から注目を集める芸能人に龍神さまから好かれる人が多いのはそれが理由です。

常に目標をもってワクワクしながら夢を叶えようとしている姿勢が、龍神さまから応援されることで、ますます上昇気流に乗るのです。

反対に、「人生に何も目的がない人」「何をやりたいのか分からない人」は、龍神さまにとって苦手な存在かもしれません。

自分の信念がないため、気持ちがいつも根無し草のようにあちこちに揺れ動いていて、つかみどころがないからです。

自分でやりたいことがないため、判断基準は世間の常識や他人からの評価になります。他人軸で動いているので、考えと行動が一致しないのです。

よくマンガなどで、目標をもってやる気いっぱいの人には、全身から炎のようなエネルギーが立ち上がっているように描かれることがあります。

まさに龍神さまからは、人間のエネルギーはそのように見えているのです。

目標があってそれに向かって邁進している人は、龍神さまの高い次元からでも、すぐ見つけられます。

反対に目的もなく生きている人は、内なるエネルギーが枯渇しているので、龍神さまの視界に入ることができません。

龍神さまが味方につくから目標が出来るのではありません。人生の目標、目的があるから龍神さまが応援してくれるのです。

目標は何も大きなものでなくてかまいません。「早起きして、ウォーキングをする」

「毎日、一〇回は〝ありがとう〟と感謝の言葉を口にする」でも、いいのです。

目標ができると自分の中心に軸ができます。それが自分軸です。自分軸をもつことが、龍神さまに好かれるための第一歩です。

その4 「すぐやる人」は応援するが、「先延ばしする人」にはそっぽを向く

風に乗ってスピーディに動きまわる龍神さまは、とにかく行動的な人が大好きです。さらに言えば、そういう人とは「行動のテンポが合う＝波長が合う」と感じます。

このようにお伝えすると、熟考するのが悪いと思う人がいるかもしれませんが、そうではありません。誰でも初めてのことを行動に移す前はいろいろ不安になり、最初の一歩を踏み出すことをためらったりするものです。

でも、そこで「まずはやってみよう」「もしうまくいかないことがあっても、そこで再度調整すればいい」と、前向きに行動すると不思議とうまくいったりします。仮に失敗しても、再挑戦して今度は成功したり、結果を出すことができたりします。

じつはそんなときに、龍神さまはあなたにチャンスを与え、応援してくださっています。いわゆる、追い風に乗るようなとき、龍神さまが力を貸しているのです。

反対に、あれこれ考えた挙句、「やっぱり明日にしよう」「また今度」と、先延ばしにする人がいます。

そんな人は、行動しないことに対していつも言い訳を並べています。龍神さまにすると、そういった先延ばし人間は、足取りが重く軽やかに見えません。

これからの時代は、とにかくスピーディに行動する人が得をします。行動しながら軌道修正して目標に到達するやり方です。

「もう少し様子を見よう」「準備がまだできていない」「実行するにはまだ早い」

こうやって先延ばしをしてきて、状況は好転しましたか？　そのやり方でうまくいっていないのは、そもそも龍神さまにそっぽを向かれたからと言えます。

まずは一歩踏み出しましょう。龍神さまのご加護を信じながら……。

その5
「活きたお金を遣う人」は好きだが、「無駄遣いする人」は苦手

龍神さまは金運を司る存在です。龍神さまのご加護があると、適材適所に必要な人脈ができて、みるみるうちに結果が出て、それが金運アップにつながります。

そもそも金運というのは、いきなり天からお金が降ってくるわけではありません。自分の会社なり、仕事なり、目標なりを達成するためには優秀な人材を集め、必要な経費をかけ、必要な学びにお金をかけることが大切です。

そこにかけたお金は、いわゆる活きたお金ということになります。**龍神さまは、金**

運を司るので、目標を達成するために活きたお金を潔く遣う人を、快く応援してくれます。

わたしの知人の社長さんで成功してきた人は皆、活きたお金を上手に遣っていました。お世話になった方々へのお礼はもちろん、龍神さまを祀る九頭龍神社にも、定期的にお参りして奉納をされている方が多いのです。

自分だけ得をしようとするのではなく、うまくいったら周囲の人たちにも恩恵を施します。

活きたお金を遣うと、そのお金は巡り巡って自分に返ってきます。たとえ一時的に大きな出費があったとしても、不思議と必要な分、お金が入ってくるようになります。

これこそ金運を司る龍神さまのご加護のたまものです。

反対に「無駄遣いする人」は、龍神さまから嫌われます。不必要なものを買いまくる、何かと人を集めてはどんちゃん騒ぎをする。

そのようなお金の遣い方の根本にあるのは、見栄や虚栄心です。根本的に自分に自信がないので、お金で人の心をつなぎとめようとしているのです。

もちろん今のご時世、貯蓄も大事です。でも、必要以上に貯めこむことに執着すると、いつかそれをすべて吐き出さなければならない事態に追い込まれます。

活きたお金を上手に循環させること。それが龍神さまの教えでもあります。

その6 「他人を応援する人」は好きだが、「他人を利用する人」は嫌い

明るい人、目標に向かって前向きに頑張る人を龍神さまは好んで、応援してくださるお話をしてきました。

さらにもうひとつ、龍神さまは他人を応援する人も大好きです。それはなぜでしょうか?

頑張っている人を応援できる人は、相手の良い面に注目しています。目標がきちん

とあり、それを達成するために努力を重ねる人の頑張る姿に、自分自身もエネルギーをもらっています。

たとえば、駅伝で頑張って走る姿を応援したり、音楽の世界でデビューしたばかりのアーティストを応援したり、もちろん家族や身近な友人が頑張っていることを応援することもあるでしょう。

誰かを心から応援するとき、あなた自身も、身体の内側からエネルギーが満ちあふれる感じがしてきませんか？

他人の夢に寄り添って応援できる人は、人からも応援されます。そこには純粋なエネルギーの交換が行われています。

その橋渡しをしているのが龍神さまです。頑張る人を応援してくださる龍神さまと共鳴して、今度はあなた自身が龍神さまから応援されるようになるのです。

反対に、世の中には他人を利用してお金持ちになろうとする人がいます。人とのつき合いの基準は「損か、得か」です。

このように他人のエネルギーを奪い、自分の利益に繋がることしか考えていない人は、龍神さまのご加護は到底、見込めません。

あなたの心の中に、「あの人と付き合っておけば、得になるから」という思いだけで人とつき合っているとしたら、龍神さまからもっとも嫌われてしまうと思っておきましょう。


わたしのもとに、「人から騙されて大金をもっていかれた」「詐欺にあって大変な目にあった」と、駆け込んでくる人がいます。

でも、いろいろ話を聞いていくと、騙された人自身も、どこか他人をあてにして、何とかしてもらおう、利益を得ようと目論んでいる気持ちが心の奥底にあるのです。

それらの負のエネルギーは、不思議なくらい引き合います。


龍神さまから愛されると、あなたを利用して富を得よう、騙してやろうと近づく人を敏感に察知できるようになります。

そういう輩が龍神さまは大嫌いなのです。近づいてきたとたん、悪寒が走る、なんだか急に体調が悪くなる、会う約束をしていたのに電車が遅延するなど、何かしらのサインを龍神さまが送ってくださいます。

龍神さまがつくようになってから、詐欺はもちろん、悪い人脈を一掃できたエピソードは山のようにあります。

その7 「一人の時間を大切にする人」は好きだが、「やたらと群れる人」は苦手

龍神さまは人が集まる賑やかな場所やエネルギーが好きなことは、すでにお伝えしました。

でもその一方で、それらのエネルギーで全身が満たされると、するするっと天に昇って、自分の居心地の良い場所に移動してしまうのが龍神さまの特性です。

このあとの章で、龍神さまが近くにいるサインについてもお話しますが、湖や川、山や林など、龍神さまが居心地の良い場所にいらっしゃるとき、龍神さまは喧騒から逃れて静寂の空間に身を置いています。

同じことが人間にも言えます。多くの人たちとチームを組んでミッションを随行したり、大勢の人と賑やかな場所で楽しむことが好きな一方、一日のうち必ず、一人で過ごす時間を持てる人を、龍神さまは好みます。

一人の時間に自分の行いを振り返ったり、次なる目標に向けて思案する時間を大切にする人は、龍神さまから愛される人です。

逆に、いつも誰かと一緒にいないと不安な人は、一人だけの時間が耐えられません。SNSでつながっている人数をやたら気にしたり、毎日、人と会うスケジュールが埋まっていないと不安で仕方がない人は、龍神さまにとっては苦手な存在かもしれません。

人と群れていないと心配な人は、いつも誰からに依存しています。大事な事柄もつい、「あの人はどう思うだろう?」「まずは相談しなくては」と、自分で判断、決断ができません。

龍神さまから愛されたいなら、一人の時間も楽しみましょう。読書でも趣味の時間でも良いのです。一人でも豊かな時間を過ごせる人は、いつしか龍神さまがそばに寄ってきてくださいます。

＊＊＊＊＊＊＊＊

その8　「神社によく行く人」とは仲良くなれるが、「行かない人」とは縁遠い

＊＊＊＊＊＊＊＊

成功者はよく神社に行く、と言われています。

それは龍神さまがいる神社に足しげく通うことによって、龍神さまに自分自身を認

めてもらい、力をもらっているためです。

わたしが知る限りでも、歴史上の武将をはじめ、経営者や政財界の人たちも、神社に頻繁に赴くことで、チャンスが巡ってきたり、運の流れが大きく変わったことで、成功へと好転していったケースをたくさん見てきました。

それは当然なことです。たとえば、年に一度しか会わない人と、日頃から挨拶を交わしてコミュニケーションをとっている人と、どちらに親近感と情がわくかと言えば、後者でしょう。


本当のことを言えば、龍神さまを祀っている神社に通う人と、まったく通わない人では、龍神さまのつながりの強さに差が出てしまうのは仕方がないと思います。

しかしながら、今のご時世は、なかなか実際に神社に行けないかもしれません。なので、たとえ神社に頻繁に行けなくても、神社からいただいたお札やお守りに対して、龍神さまが守っていただいていることに、感謝の気持ちを述べましょう。

龍神さまとより仲良くなりたければ、やはり箱根神社の隣に鎮まる九頭龍神社新宮と芦ノ湖畔に鎮まる本宮に、お参りに行くことをおすすめします。

次頁にマップを載せていますので、龍神さまを近くに感じるスポットを巡ってみてはいかがでしょうか。

付録②箱根の九頭龍神社　パワースポットマップ

箱根神社は源頼朝や徳川家をはじめとする偉大な武将が、戦の前に勝利を祈願した神社として知られ、参拝することで「縁結び」「金運」「勝負運」などのご利益が得られます。とくに龍神さまが出没するパワースポットもご紹介します。ぜひ参拝の際に参考になさってください。

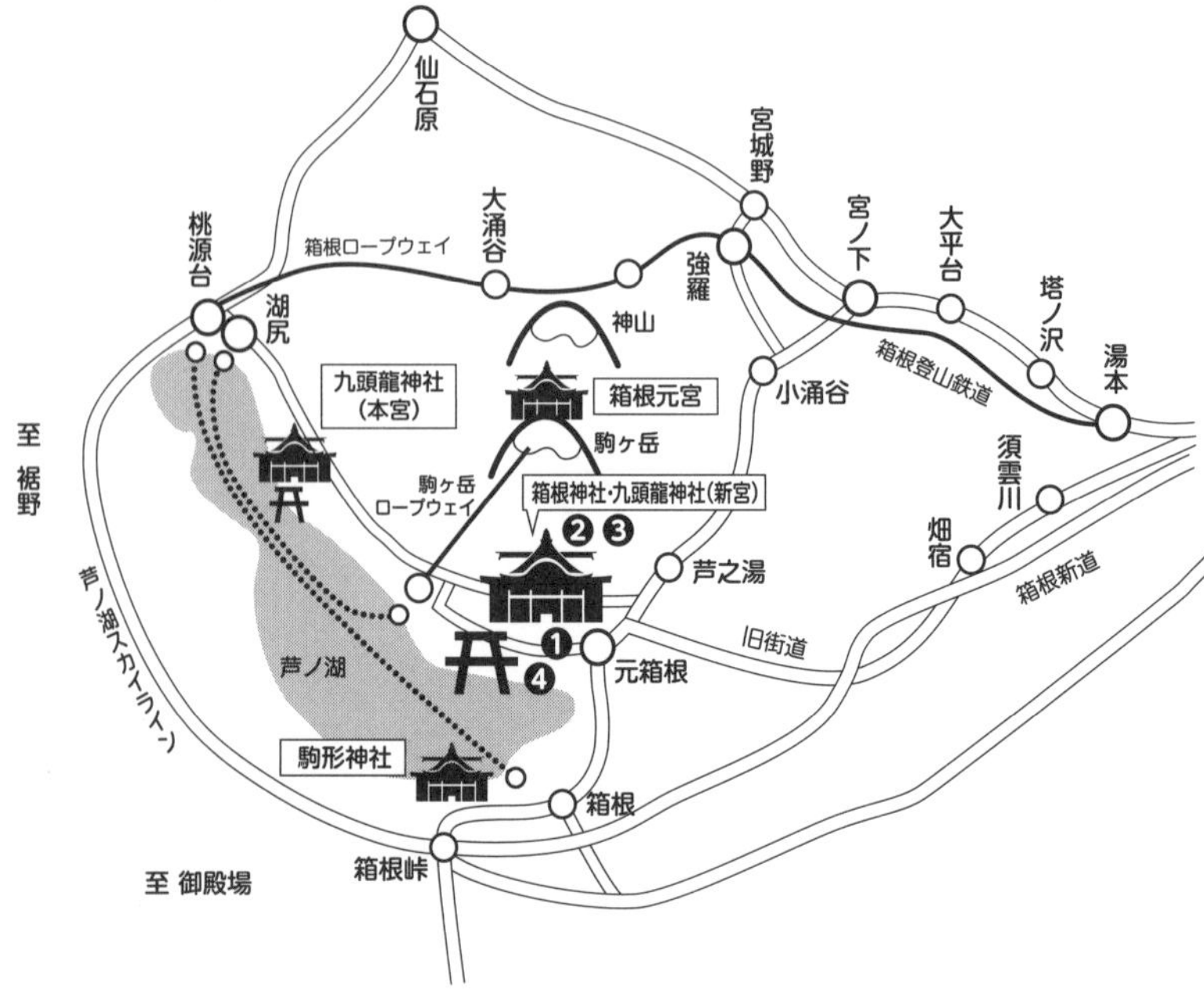

❶ご神木と緑に囲まれた、龍神さまを感じる参道

箱根神社には、正参道へとまっすぐに階段で進むほか、第三鳥居からゆるりと進む南参道があります。どちらも緑が美しくて清々しい雰囲気です。「箱根神社」の中には多くのご神木があり、龍神さまの気配を感じることのできるパワースポットでもあります。

❷龍神さまのご神氣あふれる“龍神水舎”

九頭龍神社新宮の前に九つの龍が並ぶ「龍神水舎」があります。眼光鋭い龍の口から流れ出るご神水は持ち帰ることも可能です。お水取り用のボトルはお札所にて 100 円で受けることができます。

❸九頭龍大神様がお祀りされている九頭竜神社新宮

九頭龍神社新宮は、箱根神社の御本殿の隣にあります。新宮が建立されたことにより、多くの人が参拝に訪れ、龍神さまのパワーはさらに強力なものになりました。この新宮で龍神さまからのご加護を賜りましょう。

❹芦ノ湖に浮かぶ平和の鳥居は最高のパワースポット

芦ノ湖上の大鳥居は昭和 28 年、上皇陛下の立太子礼を奉祝して建立され、昭和 39 年の箱根神社鎮座 1200 年式年大祭、世界平和祈願祭にて「平和」の扁額が掲げられてからは「平和の鳥居」と呼ばれるようになりました。水面に浮かぶ鳥居は神々しく、龍神さまの気配を感じることができます。

GATE
5

「龍神さまが近くにいるサイン」

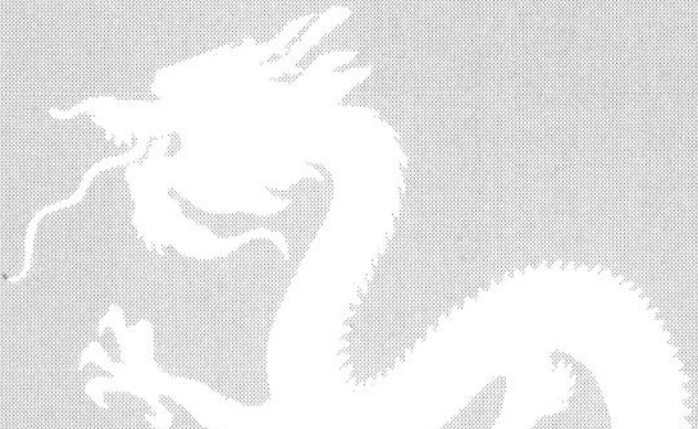

龍神さまはあなたのすぐそばにいます

ここまで、わたしと龍神さまとの出会いから、龍神さまとつながるための秘訣などについてお伝えしてきました。

龍神さまのイメージに関して、皆さんからよく質問されるのが、

「龍神さまはどのくらいの大きさなのですか？」

ということです。

龍神さまのイメージは、空の雲のような大きさをイメージするときもあれば、自分の頭の上をぐるぐると回るイメージのときもあります。または肩の上や手のひらにちょこんと乗るイメージのときもあり、人それぞれ受け取り方が違います。龍神さまの大きさやイメージは、そのときに受け取ったままで良いのです。

龍神さまには大きさだけでなく、青龍、赤龍、金龍、白龍、黒龍など、それぞれのエネルギーによって色分けされている、という説もあります。

また、箱根の九頭龍神社と別の神社にいる龍神さまは別々の存在で、いろいろな種類の龍神さまがいますが、最終的にはつながっています。

龍神さま同士で情報交換をしているので、まずは自分にとって相性の良い龍神さまと出会うことが先決です。

あなたが出会いたい龍神さまは、どんなイメージですか？

ＧＡＴＥ５ではいよいよ、龍神さまが近くにいるサインについて、具体的にお話ししましょう。

いきなり風が吹く

龍神さまが近くにいるときのサインで、もっとも分かりやすいのが、いきなり風が吹く、というものです。

神社の参道を歩いているとき、風が吹いて木々の葉がざわめいた、鳥居をくぐったとたん、ビューッと風が吹いてきた、という現象が現れたら、それは龍神さまが近くにいる証拠です。

風は龍神さまの息、という説もあります。龍神さまと深くつながるようになると、神社に限らず、

「龍神さま、お近くにいらしたらわたしにサインをください」

と心の中で話しかけると、風が吹いて返事をしてくれるようになります。

また、風は情報を運ぶという意味合いもあることから、龍神さまが風を吹かせることで、あなたにインスピレーションを与えることがあります。

自然霊であり、目には見えないエネルギー体の龍神さまは、このように風を通じて、メッセージを送っているのです。

風は何も外でしか感じられないわけではありません。朝起きたら、まず部屋の窓を開けて、風を通しましょう。

風通しが良い部屋には、龍神さまが訪れやすくなります。悪い気を外に出し、新鮮な良い気を取り入れることで、あなた自身の気の流れも良くなるのです。

通り雨が降る

水の神様でもある龍神さまが近くにいると、雨が降ると言われています。GATE1

でもお話したように、古来より龍神さまは「祈雨止雨」を司る存在として、人々から祀られていました。

このことからも、龍神さまは大雨をもたらすというよりも、通り雨としてその存在を知らしめることが多いのです。

いつも晴れ男、晴れ女といわれる人が、急に雨が降ったりする場面にあったら、それは龍神さまに気に入られた証拠です。

もともとが晴れ男、晴れ女といわれた人は運の強い人間ですから、雨が降って不思議に思うかもしれませんが、それは龍神さまが認めてくださったので喜んでよいのです。

そして雨は必ずやみます。それは龍神さまのごあいさつが終わり、お互いに認めたことになる証です。

わたしは九頭龍神社を訪れた際、さきほどまで天気だったのが、みるみるうちに雨雲が空に張り巡らされて雨が降り出したり、天気雨になったことが何度かありました。

龍神さまにとって通り雨は、自らの存在を知らしめること以外にも、その土地や、つながりたいと思った人へ浄化と恵みをもたらす意味もあるのです。

通り雨が龍神さまの近くにいるサインだと分かると、

「これまでは出かけた先でいきなり雨が降ると、なんだかツイていない、と思っていましたが、今では〝龍神さまが近くにいらっしゃる〟と思い、雨が降ると嬉しくなります」このように考え方が変わっていく人が多いのです。

「晴れる＝ツイている」「雨が降る＝ツイていない」と思うのは、自分の勝手な思い込みです。

雨が降ることが天からの恵みであり、それが龍神さまの存在を示している、ということがわかると、これまでの意識に変化が起こります。この変化があなたを良い流れに導いていくのです。

神社に限らず、通り雨が降ったときは、周囲を見渡し、空を見上げてみてください。あなたを見守る龍神さまの存在を感じることでしょう。

虹が出る

通り雨が止み、雨雲が去って、太陽が顔を出すと、空に虹がかかることがあります。

虹は古来より幸運のサイン、と言われてきました。

大空にかかった虹を見ると、誰でも「良いことがありそう」とテンションが上がると思います。


では虹と龍神さまにはどんな関連があるのでしょうか。これは虹が出るメカニズムで説明ができます。

そもそも虹は雨がやみ、太陽が出る境目で現れます。虹とは、空気中の水滴が太陽の光を反射して見える現象です。空気中の水滴に太陽光が屈折して入り、水滴の中で一度反射して、さらに屈折して水滴から出ていったときに虹は現れます。

虹は空気中に水滴がないと現れない現象のため、雨上がりに出来るのです。水を司る龍神さまと虹が深い関係性にあるのはそのためです。

また虹は長い時間、空にかかるわけではないので、流れ星のように「たまたま見かけたことが幸運」という捉えられ方をします。

もし、雨上がりで虹が見えたら、それは龍神さまがあなたを認めて応援しているサインです。

チャンスをいただいていることに感謝して、さらに精進しましょう。

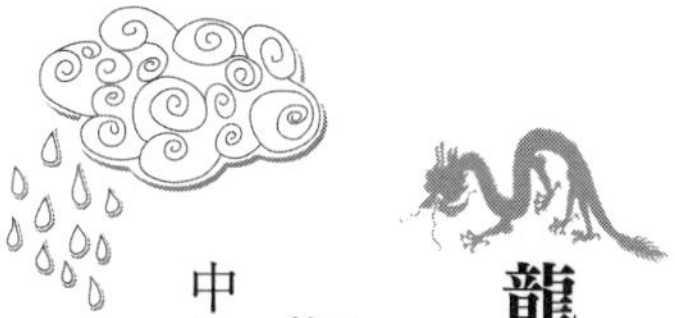

龍雲を見る

龍神さまは自分を慕っている人が来ると喜んで会いに来ます。空を見上げると雲の中に龍雲となって現れ、そばにいることのサインをくださいます。

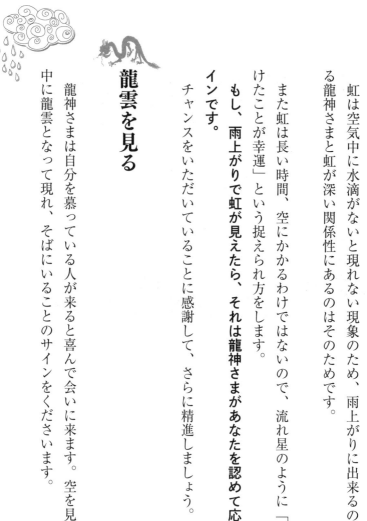

龍雲の見え方はさまざまです。大きく口を開けたような龍雲、空を駆けめぐるような躍動感あふれる龍雲、朝日と共に輝くような龍雲、雨雲の中に見える猛々しい龍雲など、見えたときのタイミングでその様相は違っています。

龍雲を見たときは、龍神さまが近くにいるサインであると同時に、「今こそ、行動に起こしなさい」と、ＧＯサインをくださっています。

もし今、あなたが「新しくチャレンジしたいけれど、うまくいくか自信が無い」と思っていたときに、龍雲を見たら、迷わず行動に移しましょう。
龍雲を見つけたとき、しばらく空を見つめていると、龍雲はどんどん風に流されて、あっという間に消えてしまいます。

言い換えると龍雲というのは、絶好のチャンスそのものなのです。ものごとは全てタイミングです。良いタイミングで行動を起こすからうまくいくのです。

龍神さまは、龍雲として姿を現して、「今こそ絶好のチャンス」であることをメッセージとして伝えてくださっているのです。

じつは、本書のお話をいただく前に、朝日が昇るタイミングで東の空に神々しいほどの龍雲と遭遇しました。

そうなのです。龍雲は見た、というより遭遇したというイメージぴったりです。龍の鼻からはエネルギーのような塊が噴出していて、胴体は縦に渦を巻いていました。

龍雲を見たら、ぜひとも写真に撮りましょう。御守り代わりにスマートフォンの待ち受け画面にしておくのもおすすめです。

まだ龍雲を見たことが無い人は、意識して自然が多い環境に身を置いてみましょう。

ビルの谷間に龍雲を見つけることの可能性は低いです。

やはり空の広さを実感できる山や川、湖、緑豊かな神社に身を置いて、空を見上げる時間を作りましょう。


そして、目に見えないものを信じる心も大切です。神様や龍神さまは目に見えない存在ですが、見えない世界を信じる気持ちが、龍神さまにも伝わり、形ある龍雲となって現れてくださるのです。

木々がざわつく

龍神さまは「音」を出して、存在を知らせてくれることがあります。

神社に行くと、木々や草が突然、ザワザワと音を立てて揺れることがあります。風で揺れたのか、野良猫が通り過ぎたのか、と思って見返しますが、あきらかに違います。

突然、木々がざわめくという現象は、かなりの確率で龍神さまが近くにいるサインです。

龍神さまも、あなたに逢いたくて思わず「音」としてサインを出してしまったのでしょう。

もし、木々がざわめいて龍神さまの気配がしたら、

「お出ましいただき、ありがとうございます。龍神さまとつながれることに感謝いたします」

と、心のなかで伝えましょう。

そうすることで龍神さまは喜んで、ますますあなたにサインを送ってくださるようになります。

龍雲と違い、木々のざわめきで存在を知らせてくれるようになると、龍神さまの存在を肌で感じることで、さらに身近になったという証なのです。

湖や海面が波立つ

これもGATE2で、わたしの経験談としてもご紹介しましたが、水の神である龍神さまは、川や湖、海などの水辺で存在感を示すことが多くなります。

自分が一番居心地の良い水辺では、龍神さまもエネルギッシュに存在感を示してくださいます。

ここでは一般の方々の体験談を少し紹介しましょう。

「九頭龍神社の本宮をお参りしたあと、芦ノ湖を船で渡ろうとしたときのこと。行きはあんなに静かだった湖の水面が、いきなり波打ちだしたのです。夫と一緒にお参りしに来たのですが、夫は『龍神さまがご挨拶に来たぞ』と驚いていました。本当にあのときのことを思い出しても、風が吹いたわけではないのに、いきなり湖が波立った

ので、龍神さまが近くまで来てくださったのだとしか思えません」（五〇代・女性）

「地元の神社の脇に大きな池があります。一人で神社にお参りに来た返り、ふと池が気になってしばらくボーッと水面を見つけていました。すると、いきなりわたしに目がけるように池が波打ち始めたのです。とっさに〝龍神さまだ〟と思いました」

（四〇代・男性）

どちらのエピソードも、不意打ちのような一瞬の出来事だったそうです。本人がキャッチしなければ、見過ごしたかもしれません。

でも、それに気づいたということは龍神さまとちゃんとつながっている証拠なのです。

写真に光の輪や光線が映る

龍神さまの神社で、写真を撮影したときに、光のシャワーのように何本もの白い線

が映りこむことがあります。これは「オーブ」と言って、神様や龍神さまのエネルギー体と言われています。
色は、白や黄色、緑、青とさまざまありますが、一般的には透明なプラチナシルバーの光の筋が通り抜けるように映りこみます。

この光のシャワーは、肉眼で感じるよりも、写真で撮ったときにはじめて気づくこともあります。これは龍神さまが、「ここにいますよ」と、アピールしているサインです。
このように龍神さまは目には見えないと

言いながらも、**あなたに親近感をもつと、このように気軽に存在をお示ししてくださるようになります。**

オーブが映りこんだ写真は、とてもエネルギーがあります。御守り代わりにスマートフォンの待ち受けにしても良いでしょう。

次回、オーブが映った場所に訪れるときは、龍神さまとつながる意識をもって、

「龍神さま、近くにいらしたら何かサインをください」

とお願いしても良いでしょう。

もちろん、見守っていただいていることを、心から感謝することも忘れないでください。

龍神さまからサインを受け止める心得

では最後に、龍神さまからのサインをいただく心構えをお伝えします。たとえば、箱根神社へ向かう坂道から大きな鳥居にかけては、龍の道と言われています。ここでは、龍神さまと出会えるかもしれない、という気構えが大切です。何事もそうですが、気持ちの準備をすることは大事です。

襟を正す、という言葉があるように、気構えがあるほうが龍神さまのご加護やサインを受けとりやすくなるのは明白です。

ここまでいろいろお伝えしてきましたが、龍神さまを近くに感じることはできたでしょうか。

「まだ、龍神さまからのサインをいただいたことがない」

「神社に行っても、身近に龍神さまを感じるという意識がどのようなものか、分からない」

と、言う方も安心してください。

本書を手に取っていること自体、あなたは十分、龍神さまとつながっています。そして、わたしを通じて、龍神さまからのメッセージを受けとっています。自然体で、あなたらしく。無理して頑張らなくても、あなたの持ち味が発揮できているとき、それこそが龍神さまから愛されているサインなのです。

番外編

「龍神さまとの体験エピソード」

龍神さまに愛されて人生が変わった

この章では、龍神さまに愛されてご加護のあった方々が、どのように人生が好転していったのかを紹介いたします。

皆さん、最初は事業の失敗や家族の不幸、病などで人生のピンチに遭い、そこから龍神さまに応援されることで、幸せな道を歩まれるようになった方々ばかりです。

どのような心構えが、龍神さまから愛される秘訣となったのかも併せて、エピソードをお話していただきましょう。

エピソード１

「毎日、龍神さまにお祈りと感謝をしているおかげで、ピンチを乗り切った」

（五〇代・女性）

箱根神社様は、独身時代から大好きな神社でした。当時、まだ新しい九頭龍神社の新宮に何度も参拝させていただきました。

その後、主人と結婚してからも、翠先生や昇龍先生の勉強会に参加させていただくご縁で、毎年、箱根神社に提灯を飾っていただける幸せを、今でも夢のように感じております。

龍神さまを自分の中で強く感じるようになったのは、二〇二〇年、コロナ禍で世界中がステイホームになる中で、翠先生と昇龍先生から、

「これから三年間は、世界が大変なときになる。大変なときだからこそ、龍神さまにお祈りをしましょう」

というお話を聞いたことでした。

わたし自身、不安に押しつぶされそうになっていたこともあり、先生から教えていただいた、

「神社に行けないときは、龍の置物や平和の鳥居の写真にお祈りすることで、龍神さまとつながることができます」

という教えに従って、毎日、龍神さまにお祈りするようになりました。


その後、主人の仕事が大切な時期に、何度も龍が泳いでいるような雲を見るようになりました。朝のお祈りを終えて窓の外を見たとき、大切な商談を終えて外に出たとき、不思議と何度も龍雲を見て、「龍神さまが守ってくださっているから、きっと大丈夫」と、不安な気持ちが消えて力があふれてきたのです。

中止覚悟の個展が、奇跡的に開催に！

じつは昨年、準備していた主人の仕事関連の個展や作品展がコロナ禍ですべて中止に。本来であればオリンピックイヤーで、海外からのお客様を見越して、さまざまな催しを計画していましたが、それもすべてキャンセルになってしまいました。

とくに打撃だったのが、五年前から準備していた百貨店での個展が自粛期間の百貨店休館のため、中止になってしまったことでした、

五年かけて作りこんできた未発表作品のかずかずをいつ開催できるかもわからない焦りの中、わたし自身、ふと、

「ダメでもともと、担当者の方に連絡をしてみよう」

と思い立ち、電話をかけてみました。すると、

「いまちょうど、展示場のスケジュールに空きが出ました。そこでも良ければ展示会を開催できますよ」

というお話をいただき、あれよあれよという間に、年内に個展を開催できることになったのです。

あのとき電話をしていなかったら、実現するのが二年先になっていたことでしょう。コロナの第三波の押し寄せる直前の開催にも関わらず多くの方々にご来場いただきました。

開催中も毎日、龍神さまに感謝と個展が無事終わることをお願いしていました。厳しい状況下でしたが、念願の個展開催が叶ったこと、結果的に百貨店としての目標売上額をクリアできたこと、来場いただいたお客様の中から新たなご縁に恵まれたこと、すべては龍神さまのお力のおかげと信じて、ありがたく感謝しております。

見えない偉大なお力で守っていただいているから大丈夫、と、そう思えるような存在を知ることができたことが何よりも一番の幸運なのではないか、と思っています。

エピソード2

「龍神さまに守っていただく安心感で、良い結果に導かれるようになった」

（六〇代・女性）

今から一〇年前、翠先生、昇龍先生が主催される「真佑会」に入会させていただいたのをきかっけに、箱根の九頭龍神社新宮で行われる祭典に参加させていただいたことで、龍神さまと出会う機会を作っていただきました。

昇龍先生から、龍神さまにはお願いごとをしてもよい、と教えていただきました。我が家では神棚の近くに龍神さまの置物を飾っています。毎朝、龍神さまにお水をお供えして、無事に過ごせる感謝の気持ちを述べたあと、今日も家族を守っていただけるようにお祈りしています。

直接、お願い事ができますので、龍神さまは身近に感じることができます。そして、毎日、明るく龍神さまにご挨拶することで、前向きな気持ちになれるのです。

また、翠先生、昇龍先生のご尽力と、箱根神社様のご配慮で、一月のお年始、四月の昭和祭・九頭龍神社新宮例祭、七月の湖水祭と年三回、新宮のおそばに名前入りの提灯を飾っていただいております。

龍神さまのおそばに飾って見守っていただいているので、心が落ち着き、毎日を穏やかな気持ちで過ごすことができています。

龍神さまとつながることで、幸運が舞い込んだ……

龍神さまに守っていただいてからは、家族が大事な節目に直面したときなど、安心感から生み出される心構えのおかげで、最終的に「良い結果」につながるように導いていただいているように思っています。
例えば、子どもが学校で表彰されたり、海外で、難しい賞を受賞したこともありました。逆に、悪いことは最小限で収まっていると感じています。

エピソード3

「龍神さまのおかげで四〇億の借金を三年で返済、がんも一三年間進行なし」

（六〇代・男性）

龍神さまとのご縁をいただいたのは、平成六年のことです。
わたしは、銀行の支店長からグループ会社の社長に就任し、順風満帆な人生を送っていましたが、平成四年に生まれたばかりの子どもが突然死して、それがきっかけで夫婦仲が悪くなり、三年かけて離婚訴訟。平成六年に正式離婚となりました。

しかし、資産家であった妻の実家からは、これまで築き上げた不動産などの資産の分配を要求され、わたしは四〇億もの借金を抱えることとなりました。

一二〇ものグループ会社を束ねる立場だったため、普段は弱音など漏らすことができなかったため、内心はズタボロの状態でした。

そんなある日、タクシーの座席に、翠真佑先生の新刊の広告がありました。

「あなたの人生は、これからもっと良くなる！」

この言葉に、わたしは瞬時に、

「翠先生に会いたい！　いや会いに行こう」

と、すぐさま出版社に連絡しました。すると、出版社の方は「翠先生の勉強会があるので、参加してみてはいかがですか」とのこと。

はじめてお会いする翠先生はきらびやかなオーラに包まれて、まるで地獄の中の仏様のような存在でした。

それから三か月、翠先生のオフィスに毎日通って、奇門遁甲や龍神さまについて、学ばせていただいたのです。

そのおかげもあり、その後は良いご縁や巡りあわせが続きました。絶対に無理だと思っていた四〇億円もの借金も、三年で返済することができたのです。これこそ、龍神さまのお導きのおかげだと、感謝しかありません。

当時、昇龍先生は、高校生でした。その当時から、古神道や奇門遁甲、龍神さまについて学ばれていました。少年時代から昇龍先生の念力のパワーがすごかったのを、今でも覚えています。

龍神さまに会うために、箱根神社に通った日々

わたしは伊勢市の出身で、子どもの頃から神社や神様が身近な存在として育ってきました。

翠先生と一緒に箱根神社を参拝するうち、箱根神社の濱田名誉宮司様とご縁をいただきました。名誉宮司様は合気道の達人で、わたしも合気道をやっていたこともあり、何度かお手合わせをさせていただいたこともありました。

当時、箱根神社の湖水祭の祭場に九頭龍神社の新宮を建てるお話が進んでいました。そして翠先生から、

「新宮を建てることで、箱根神社は賑わいをみせるようになる」

と聞いておりましたので、何とかお役に立ちたいと思っていました。

その矢先、わたしはタクシーに乗っていて交通事故に遭ってしまったのです。

全治三か月でした。思うように動けない間は会社を休み、熱海の別荘で療養することに。

何とか動けるようになってからは、別荘から毎日、箱根神社に通って参拝してました。


毎日、龍神さまに、守っていただいているお礼と、この試練を乗り越えられるようにお願いをしていました。

それ以外にも、会社へ起こされた訴訟問題など、いろいろ悩みは山積みだったのですが、どれも大事には至らず。交通事故の慰謝料も、そのまま箱根神社の新宮建立の資金に寄付させていただくことになりました。

すべては収まるべきところに収まったのは、まさに龍神さまのお力だと思っています。

すい臓がんで余命半年といわれて……

しかしながら、わたしの人生はなかなか平穏無事とはいきませんでした。平成二〇年には、すい臓がんが見つかり、「余命半年」を宣言されてしまいました。医師からは、

「余命半年なので、手術をしない選択もありますが、どうしますか？」

と言われたのですが、妻と子どもを残していくわけにはいかなかったので、手術することを選びました。手術すれば半年間は入院生活です。

翠先生と昇龍先生がお見舞いに来てくださいました。水晶がのった金の龍の置物をくださいました。翠先生は、

「この龍は五本爪の最高位の龍神さまです。毎日、龍神さまにお祈りしなさい。

必ず状況は好転します」

翠先生の力強いお言葉に勇気づけられ、わたしは毎朝、毎晩、いえ、気づけば金の龍神さまに向かってお祈りしていました。


いよいよ手術が間近に迫ったある日。担当医から、手術前に検査をしましょう、と言われ、検査をしました。

すると、翌日、担当医に呼ばれて診療室に行くと、担当医以外の先生方も集まっていました。


わたしは、良くない知らせかと不安な顔で、

「検査の結果は？」

と尋ねると、医師は、

「がんがすべてなくなったわけではないのですが……。不思議なことに、すべての数値が平常に戻っているのです」

「えっ、では手術しないでいいのですか？」

「はい、しばらく様子を見ましょう。今後は月に一回、通院して検査をしましょう」

このようなことは、病院では初めてのケースだそうです。

今も月に一度は通院して、ＭＲＩと血液検査しています。今年で一三年目になりますが、平常値に戻ってから、がんは進行していません。このようなケースは世界でわたしだけなそうです。

信仰心というのはすごいことです。龍神さまが守ってくださったとしか、言いようがありません。

その後も、銀行からの融資の貸し剥がしにあって、莫大な借金を抱えたり、一年に三度も交通事故に遭ったり、人生のトラブルに遭いましたが、その都度、龍神さまはぎりぎりのところで、わたしの人生を救ってくださいました。

龍神さまには感謝しかありません。これからも毎日、感謝の気持ちを述べてお祈りしたいと思います。

皆さん、これらの体験談をどのようにお感じになられましたでしょうか?

すべては実話です。

龍神さまは、このように最悪の事態にならないように、見守り、お導きしてくださる存在です。

あなたのそばにも、龍神さまはいます。ぜひ、その存在に気付いてください。

悩みや不安を解決するヒントを、龍神さまはくださるでしょう。

エピローグ
「目に見えない世界を信じるということ」

龍神さまとつながることで、今の苦しい現状に明るい希望と道筋をお示しするのは、わたしにしかできないこと、と自負しています。

この使命感に近い気持ちは、本を書き上げた今、さらに強くなりました。覚悟が決まるから、さらに真実にたどり着ける。わたしはそう思っています。

目に見えない世界のことを、長らく無いがしろにしてきた時代が続きました。でも、目には見えないけれど花々からは香りが漂い、見えないけれども風は吹き、太陽の光は降り注いでいる……そして、目に見えないウイルスにわたしたち人間は苦しめられています。

目に見えない世界こそ、じつは大切なのかもしれない。そのことにやっと気づき始める時代がやってきたのです。

龍神さまも目には見えません。でも、自然界には目には見えない神々たちが確かに存在しています。

これまで龍神さまとつながってきた人はさらにその絆をしっかり強めてください。本書ではじめて龍神さまを知った方は、つながったことで起こる、この先の人生の変容を感じてください。

龍神さまは、いつでもあなたを守りたくてうずうずしています。そのご縁を引き寄せるのは、間違いなくあなた自身なのです。

最後に、真佑会の会員の皆様、龍神さまとの貴重な体験談をお話しくださりありがとうございました。ご協力を感謝いたします。

読者の皆様にも、引き続きもっと近くで龍神さまとつながる方法や、開運術についておお伝えしたいと思っております。そのための研究に邁進しながらも、今まで以上にお伝えする機会を増やしてまいりますので楽しみにお待ちください。

龍神さまからいただけるご加護とご縁に、心からの感謝を！

昇　龍

参考文献‥箱根神社誌

昇龍（しょうりゅう）

中国皇帝 4000 年の歴史を持つ秘伝中の秘伝「奇門遁甲」真伝唯一の継承者。

母は運命鑑定の第一人者であり、箱根・九頭龍神社新宮建立の発起人である翠真佑氏。

抜群の的中率と誠実な性格が信頼と人気を呼び、現在若手占術家として最も期待、注目されている。

「真佑会」代表を務め、多くの人々の開運指導にあたる一方で、テレビ、雑誌、ウェブサイト、モバイルサイトなどでも幅広く活躍中。

主な著書に『2021 年版 昇龍の四柱推命開運暦』・毎年刊行中（永岡書店）『東京ドラゴンマップ！』(講談社)などがある。また「smart」(宝島社)にて「占い王子・昇龍の『自ら幸運をつかみに行く月の占い』を連載中。その他 PC サイトでは占い @nifty などで「昇龍、翠真佑『秘伝 命主占法』が、モバイルサイトでは「昇龍の開運恋占術」が大好評。

お問い合わせ：真佑会事務局
https://www.sinyukai.jp/

◆装丁　今泉　誠（imaizumi design）
◆本文イラスト　仲野　みゆき
◆編集協力　株式会社 FIX JAPAN　堤　澄江

運がひらける! 願いが叶う!
龍神さまから愛される方法

著　者　　昇龍
発行者　　真船美保子
発行所　　KK ロングセラーズ
　　　　　東京都新宿区高田馬場 2-1-2　〒 169-0075
　　　　　電話 (03) 3204-5161(代)　振替 00120-7-145737
　　　　　http://www.kklong.co.jp

印刷・製本　　大日本印刷(株)

落丁・乱丁はお取り替えいたします。※定価と発行日はカバーに表示してあります。

ISBN978-4-8454-5137-1　　Printed In Japan 2021